望き信なき大国

日本人が知らない「トランプのアメリカ」

大越匡洋

日本経済新聞社米州総局長

日本経済新聞出版

序　章

「王」の帰還

アメリカは再び自らを成長する国とみなす。
富を増やし、領土を拡大し、都市を建設し、
期待を高め、新たな美しい地平に
国旗を掲げる国家となるのだ

ドナルド・トランプ
2025年1月20日の就任演説

トランプ就任式イベントに参加する家族（2025年1月）

歴史の修正が始まった。

２０２５年１月20日夜、第47代アメリカ大統領に返り咲いた共和党のドナルド・トランプは4年ぶりにホワイトハウスの執務室「オーバルオフィス」に席を落ち着けると、その手に握った巨大な権力を無造作に振るった。

２０２１年１月６日の連邦議会議事堂占拠事件で罪に問われた人たちに恩赦や減刑を与えたのだ。対象は１５００人を超え、トランプは事件の被告や受刑者を「人質」と呼び、「解放」すると言い放った。

大統領就任前は「もし暴力行為をしていれば、明らかに恩赦されるべきではない」（副大統領のＪ・Ｄ・バンス）との見方が支配的だった。ところが、蓋を開けてみれば見境なく罪をゆるしてしまっていた。

誰をゆるし、誰をゆるさぬという線引きは難しい。議事堂に押し入った「J-6ers（1月6日の人々）」に対して「就任初日」に恩赦を与えると繰り返してきた公約に間に合わせるため、最後はえいやっと全員を「解放」した。

警官に暴行を加えた受刑者や重罪に問われた極右団体指導者も対象にした。極右団体オースト・キーパーズの創設者スチュワート・ローズ、同じく極右団体プラウドボーイズの元指導者エンリケ・タリオも釈放された。政権移行の妨害を扇動しようとしたとして、それぞれ禁錮18年と22年の実刑判決を受けていた。

世界に衝撃を与えた事件は、トランプが敗れた2020年大統領選の結果を最終確定する上下両院合同会議という「儀式」が開かれていたときに起きた。選挙は不正だと主張するトランプ支持者らが議事堂を襲撃した。この事件に関連して数人が死亡し、およそ140人の警察官が負傷した。

事件の記憶は早くも風化したのだろうか。

2025年1月6日、4年前と同じように大統領選の投票結果の確定という「儀式」が議会で催された。私は下院の記者室で「儀式」の開始を待つ間、リベラル系のCNNと保守系のFOXのニュースを同時に見ていた。その日は昼までに街の中心部で積雪15センチメートルに達する大雪が降った。ＣＮＮが４年前の議会襲撃の映像を流していたのに対し、ＦＯＸは雪合戦を楽しむ首都の住民たちを映していた。

事件の被害者はトランプによる恩赦をどう受け止めたか。首都圏警察の警察官として現場に出動し、暴徒から暴行を受けたダニエル・ホッジスに話を聞いた。

――恩赦について率直にどう感じましたか。

「トランプは選挙期間中から彼らは何も悪いことをしていないと言い続けてきた。だから、恩赦を一斉に与えたこと自体はそれほど驚くことではなかった。それでもリアルタイムで起きていることを見ると、とても落ち込むよ」

――被害者であるあなたには司法省から恩赦について連絡が来ますよね。

「私に対する暴行犯の釈放について２件の通知を司法省から受け取った。だけど私に暴行を働いて収監されたのは、２人どころではなくもっと多い。私と同じように群衆から暴行を受けた元警察官であっても、司法省から通知を受け取っていない人もいる。危険な暴行犯の多くが釈放されたにもかかわらずだ」

議会占拠事件とは何だったのか。「トランプによる『２０２０年大統領選は盗まれた』という主張、ウソを一片の証拠もないままに信じた人々が、平和的な政権移行を阻むために議会を襲撃した事件だった」とホッジスは言う。

さらにこう続けた。「トランプによる暴徒への恩赦は、私個人にとってだけでなく、民主主義全体にとって非常に危険なことだ。政治的暴力を望む人々に対し、トランプという大統領の名の下でなら、たとえ暴力行為を犯しても法的な責任を問われないというメッセージを送ることになるからだ。今後４年、共和国を守っていくために十分な制度上のガードレールは残っているのだろうか」

西部アイダホ州ボイシの71歳女性、パメラ・ヘンフィルにも話を聞いてみた。彼女は「加害者」だった。ヘンフィルはトランプによる恩赦を拒むと公言した。「彼らは歴史を書き換えようとしている。それに加担するのは嫌だ」

こう話すヘンフィルはかつて、２０２０年大統領選が「盗まれた」と主張していた。「アメリカを再び偉大に（Make America Great Again）」の頭文字「ＭＡＧＡ」で総称されるトランプ支持者のマスコットとしてもてはやされ、「ＭＡＧＡおばあちゃん」というニックネームで呼ばれた。

事件後は議事堂侵入に関する軽犯罪について有罪を認め、60日収監される実刑判決を受けた。

なぜ、ヘンフィルは恩赦を拒むのか。電話取材でその理由を聞くと、「恩赦は議事堂を守る警察官、法制度、私たちの国に対する侮辱になる。私が有罪を認めたのは、私が有罪だったからだ」と話した。

薬物依存症カウンセラーだったヘンフィルは長く政治に無関心だった。2008年大統領選では民主党のバラク・オバマに「家族には内緒で」投票したが、その後、「周囲のMAGA女性たちと付き合い、トランプが登場し、『民主党がアメリカを共産主義国家に変えようとしている』と知った。今では笑い話だけど」と語る。

2021年1月、「兄からのクリスマスプレゼント」で首都ワシントンに一人旅した。群衆をスマホで動画撮影しながら、議事堂に押し入る一人となった。事件後、友人からは「有罪を認めるな」と助言されたが、「しっくりこなかった。自分の良心が、自分は間違ったことをしたと知っているという感じだった」。

「あのころは批判的思考力を失っていた」と振り返るヘンフィル。「誰も自分で政策や事実をきちんと調べない。みんな生活に忙しい。私もそうだったけど、周りの信頼している人の意見に頼り切っている」。そして、トランプをこう評した。「私たちは危険なナルシシストと向き合っていることを理解しないといけない」。

拡声機を使って警察の隊列を襲うよう群衆をあおった人。壁をよじ登り、窓を割って議事堂に侵入した人。警棒やバット、熊よけスプレーなどで警察官を攻撃した人。下院議長室に押し入った人。トランプが恩赦を与えたからといって、選挙結果という民主主義の根幹を覆そうとした暴挙の事実は消えるはずがない。

だが、トランプの目には「別の事実」が映し出されている。大統領に復権した後も「彼らは投票に抗議していただけだ。なぜなら2020年大統領選が不正に操作されていることを知っていたからだ。投票に抗議することはゆるされるべきだ」と繰り返した。「ささいな事件だった」とさえ述べている。

恩赦は本来、政敵を赦免し、党派に分かれて激しく争う国をひとつにまとめることを意図して用意された道具だ。その本来の趣旨から逸脱するという意味では、トランプだけが異質なのではない。前任の大統領、ジョー・バイデンもホワイトハウスを去る直前、弟妹ら身内や、トランプ追及に協力した人々に対して、これから罪に問われることがないように「予防的」な恩赦を与えた。

トランプの報復を防ぐためとはいえ、恩赦の対象とした人々は「不当な訴追」に遭った場合に弁護士を雇い、我が身を守る資金に事欠くような人々ではない。敵方の立場から見れば、どちらの大統領も恩赦を「乱用」したように見える。

私がアメリカを取材した過去4年間、この国全体を「我々」対「彼ら」に分断する遠心力はますます勢いを増し、残念ながら、衰える気配を感じさせることはまったくなかった。

ヒトラーか、チェンバレンか

「冷たい内戦」――。恩赦の乱用だけでなく、アメリカでの日々の生活で接する事柄から、こんな言葉が頭に浮かぶ。

社会全体がまるで2つの国のように党派によって分断され、国内で冷戦状態が続いているように感じる。文字通り、お互いに口をきいたことがない人々が同じ「アメリカ人」として暮らしている。

この分断はトランプが引き起こしたわけではない。彼はこの国の分断を最も巧みに利用して自分の政治力に転じただけだ。3回連続で大統領選に出馬し、そのうち2回で勝った。つまり過去10年、トランプがアメリカ政治の主役だった。

ギャラップの2024年末の調査によると、アメリカ人の6割超が自国の民主主義の状況に不満を抱いている。満足している人は全体の3分の1にすぎない。

民主主義は1人の独裁者が終わらせることも、1人の英雄が救うこともできない。有権

トランプの就任式イベント。手には「トランプは勝った」のパネルが(2025年1月)

者全員がその命運を握る。大統領選の総投票数は1億5600万票を超え、過去20年で3割近く増えた。アメリカは今も成長する民主主義国なのだ。

アメリカ人はなぜ、再びトランプを選んだのだろう。逆にいえば、反トランプを掲げる民主党やリベラル勢力はなぜ、支持を失ったのだろう。この問いを通じて、アメリカという国を理解したいという素朴な思いが本書の出発点である。

自分たちの国のリーダーを選ぶことについて、アメリカ人は「外国人」からとやかく口を挟まれたくないだろう。とはいえ、いまも世界一の大国であるアメリカの内政は世界を揺るがす震源だ。アメリカの選挙で外交は主要なテーマにならなくても、アメリカの内政は国際社会にとって最重要テーマであり続ける。

もう一つ、この国の観察を続けるうえで、いつもある言葉が頭に浮かんだ。

「信望なき大国」――。

アメリカを取材していると、そのダイナミックな活力と潜在力に圧倒される半面、ときには別の風景が視界に入る。世界の力学の劇的な変化を実感としてとらえ切れない「巨大な島国」の人々が、「冷たい内戦」のツケを世界に押しつけ、信望を失っていく姿だ。

分断を深め、身勝手ともいえる自国第一主義に傾くアメリカは、民主主義や法の支配、人権、自由といった普遍的な価値と、リベラルな国際秩序を主導する盟主として、長年かけて培ってきたブランドを自ら傷つけている。

アメリカが揺るぎない超大国の時代なら、世界もその傲慢を甘んじてのみ込むしかなかったかもしれない。

しかし、世界は変わった。購買力平価による国内総生産（GDP）をみると、1980年代に世界の過半を占めたG7（主要7カ国）のシェアは冷戦終結後の1990年代に50％を下回り、21世紀には30％台へと低下した。経済はグローバル化した。

新興国のBRICS主要5カ国（中国、ロシア、インド、ブラジル、南アフリカ）が世界経済に占める比重は、2021年にG7を逆転した。2024年にG7のシェアは3割を切り、

2025年にはBRICS5カ国のシェアが3分の1に達する。私たちは文字通り、転換期の世界を生きている。

「トランプのアメリカ」はこの時計の針をさらに早めようとしている。

MAGA主義の次世代を担う副大統領のJ・D・バンスは2025年2月14日、ドイツのミュンヘンで世界の安全保障関係者を前に演説した。

「私が欧州に対して最も懸念している脅威はロシアでも中国でもなく、その他の外部勢力でもなく、欧州の内なる脅威だ。すなわち、欧州がアメリカ合衆国と共有する価値観から遠ざかることだ」

バンスは世界が注目するウクライナ和平を語るわけでも、民主主義と自由を守るために欧州との連帯を呼びかけるわけでもなかった。その代わり、SNSに広がる偽情報の規制に取り組み、移民排斥に反対する欧州各国について「民主主義を破壊する」と批判することに、およそ20分の演説のすべてを費やした。

「ワシントンでは、新しい保安官が町にやって来た」。バンスはトランプの再登場をこう表現した。

欧州主要国が同盟の盟主アメリカの変貌に言葉を失うなか、トランプはロシア大統領ウラジミール・プーチンとの関係修復に動き始めていた。ロシアによる侵略に耐える当事者であるウクライナの頭越しに、停戦交渉の可能性を探ったのだ。

アメリカとロシアの双方の外相らがサウジアラビアで協議した2月18日、無視されたウクライナの不満について記者に問われたトランプはこう答えた。「『我々は招待されていない』という（ウクライナの）声を聞いた。そこに3年もいたのに。決して戦争を始めるべきではなかった。取引すればよかった」。まるで侵略を受けたウクライナに責任があると言わんばかりの持論を展開した。

ウクライナ大統領のウォロディミル・ゼレンスキーは「ロシアの偽情報にとらわれている」とトランプを批判した。するとトランプはすかさず、ロシアの侵略に伴う戒厳令でウクライナが大統領選挙を実施していないことをあげつらい、自身のSNSに「選挙なしの独裁者、ゼレンスキー」と悪口を書き連ねた。

歴史の教訓は、生かされないのだろうか。

バンスが衝撃の演説に臨んだミュンヘン。1938年9月、この地に英国、フランス、ドイツ、イタリアの首脳が集まった。

この「ミュンヘン会議」では、ドイツ系住民が多いチェコスロバキアのズデーテン地方の帰属をめぐり、英仏がドイツに譲歩した。アドルフ・ヒトラーに「領土的要求はこれが最後」とまるめ込まれ、当事者のチェコスロバキアを抜きにして、領土割譲を決めたのだ。

ファシストの言葉は嘘だった。増長したヒトラーは翌年にチェコスロバキアを解体。さらにポーランドに侵攻し、第2次世界大戦が始まった。

トランプをヒトラーになぞらえるのは大げさだという声を耳にする。確かにそうかもしれない。トランプはヒトラーではなく、宥和政策によってヒトラーをつけあがらせた当時の英首相、ネヴィル・チェンバレンと同じ轍《てつ》を踏むことになりかねないからだ。

「アメリカに感謝せよ」

ドナルド・トランプとウォロディミル・ゼレンスキーが仲たがいする直前、財務長官のスコット・ベッセントがウクライナを訪れ、ゼレンスキーと会った。レアアース（希土類）の権益の半分をアメリカが獲得する協定案を示したとされる。

助けてやったんだから対価をよこせ、ということだ。訳知り顔で近づいてきて、後から法外な「みかじめ料」をふっかけるマフィアの発想と変わらない。

将来の安全保障の枠組みが抜けているとして、ウクライナは協定案の修正を求めた。これ以降、トランプはゼレンスキーへの不満をあからさまに示すようになる。

アメリカの支援抜きではウクライナの抗戦継続は厳しさを増す。このためゼレンスキーも安全保障の確約をひとまず棚上げし、アメリカと共同で「復興投資基金」を設ける新たな協定案の受け入れに傾いたように見えた。ウクライナの天然資源から将来得られる収入の半分を基金に投じるという、通称「鉱物協定」だ。

ところが2月末にホワイトハウスを訪れたゼレンスキーは、メディアの前でトランプ、バンスと激しい口論を演じてしまう。

バンスが「外交への関与がトランプ大統領のやっていることだ」と主張すると、ゼレンスキーは我慢できないというように、「J・D、あなたの言う外交とはどういう意味か」とただした。プーチンが2014年にウクライナ領クリミアを占領し、その後も停戦合意に何度も違反したと強い口調で指摘した。

バンスはすぐに「大統領執務室にやってきて、アメリカのメディアの前で問題を訴えようとするのは無礼だ」となじり、「アメリカに感謝せよ」と迫った。

トランプも激しくまくし立てた。「あなたは切り札を持っていない。我々なしではカードを持てない。支援している国に対して失礼だ」。その傍らで、ウクライナ駐米大使のオクサナ・マルカロワは目を閉じ、首を小さく振り続けた。

結局、昼食会や鉱物協定への署名式、会談後の共同記者会見は軒並み中止となってしまう。「彼はアメリカを侮辱した。平和を受け入れる準備ができたら出直してくればいい」。

トランプは直後に公表した声明でこううそぶいた。

3月に入ると、トランプはウクライナに対する武器供与を一時停止するよう指示し、ゼレンスキーへの圧力をさらに強めた。「私はトランプ大統領の強力なリーダーシップの下、永続的な平和を実現するために取り組む準備ができている」。ゼレンスキーは3月4日、X（旧ツイッター）に書き込み、事実上のわびを入れた。

さらにその1週間後、ゼレンスキーはアメリカの提案した30日間の一時停戦案を受け入れた。トランプがウクライナに対して一貫して求めたのは、ウクライナ支援に税金を投じるアメリカ国民、つまりトランプ支持層に「謝意と敬意」を明確に示せということだった。この「取引」が成立すると、アメリカは止めていた武器供与と機密情報の共有の再開を約束した。

ところが、案の定というべきか、プーチンは直後に「危機の根本的な原因を取り除くものでなければならない」という条件を突きつけた。停戦を拒否すると言ったわけではない。だが、曖昧な条件を持ち出し、戦争を継続する自身を正当化するプーチンの発言は、トランプの停戦仲介を事実上拒んだのと同じだ。

プーチンは3月18日の首脳協議でもトランプの渇望する全面停戦に応じることはなく、ウクライナのインフラ施設への攻撃停止という「成果」を小出しにする戦術を採った。まさにプーチンは「カードを持っている」のだ。

「殺戮《さつりく》を止めたい」と言い、プーチンの言い分をうのみにするかのように親ロシアに偏るトランプの言動からは、即物的な損得勘定も透けて見える。

まず、前述したように、戦略物資でもある鉱物などの天然資源をウクライナから手に入れたいということ。もう一つは、ロシア産原油の供給増によって原油価格を下げ、インフレ退治を支持者に印象づけたいということがあるだろう。ロシアが停戦に応じれば、その見返りにロシアに対する制裁を緩めやすくなる。

トランプは「ドリル、ベイビー、ドリル（掘って掘って掘りまくれ）」とアメリカ産原油の増産を唱えてきた。しかし、すぐに生産を増やせるわけではない。ロシア産原油の供給増によってガソリンなどの値段が下がれば、高インフレに不満を抱く支持層に対して、分かりやすい成果となるだろう。

「トランプのアメリカ」の現実は、すでに国際秩序に亀裂を広げている。

ロシアによる侵攻から3年となる2025年2月24日に合わせ、ウクライナと欧州連合（EU）加盟国は2年ぶりに国連総会で戦闘終結を求める決議を採択しようと入念に準備を進めていた。

アメリカは賛否をあいまいにし続け、採決直前に突如、「侵攻」や「ウクライナ領土の保全」などの表現を避けながら「紛争の迅速な終結」を求めるわずか3段落の独自決議案を提出した。

総会では欧州案が日本など93カ国の賛成で採択された。これに対し、棄権は65カ国、反対は18カ国に上った。反対した国にはアメリカをはじめロシア、北朝鮮、スーダン、ハンガリー、イスラエルなどが名を連ねた。

アメリカとロシアの共闘――。国際社会の景色は一変してしまっている。

過去のステレオタイプで世界をとらえ、「アメリカ」という漠然としたイメージや先入観でこの大国の「今」を語っても、正しい像を結ぶことは難しいのだ。現実からかけ離れた「想像上の国」を語るような危険すらある。

実際にこの国で暮らす人々の声を集め、彼らが世界をどうとらえ、何を感じ、どう考え、どう行動するか。その積み重ねのなかから、アメリカの全体像に対する理解の解像度を高めようというのが、私がこの本で試みたことだ。

もちろん一つ一つの砂粒を子細に眺めても、世論という砂浜の全体像はつかめないし、自分が聞いた話だけを「現実」と思い込む愚も犯すわけにはいかない。そうした批判は十分承知したうえで、アメリカを理解するために私が自分なりに集めた「補助線」を整理し、紹介することができないかと考えた。

日本では戦後の国際秩序を形づくったアメリカのイメージが良くも悪くも色濃い。その残像をひとまず離れ、今の実像をとらえ直すことが、アメリカの今後を見通していくために理解の精度を高め、ノイズを減らす第一歩だと思う。

私は新聞記者生活30年のうち、中国で5年を過ごし、アメリカでの生活も5年目に入った。いわゆる国際派のように聞こえるかもしれないが、一般に「特派員」と呼ばれる立場で海外に赴いたのは40歳になる年だ。37歳で初めて中国語を学びに北京に1年間の留学に赴くまで海外で暮らしたこともなかった。

そして50歳近くになってアメリカを直接、取材する機会を得た。そんな「アメリカ素人」の私が4年間かけて見て回り、あれこれ考えた筋道を文章にまとめれば、読者のみなさんがアメリカの像をとらえるための「導入部」くらいにはなるのではないかと考えた。「これから初めてアメリカと向き合って仕事をしなければならなくなった」というような同年配の方の役に立てればうれしい。

ナルシシストの「王」

トランプが歴史の修正に着手した2025年1月20日の早朝に時間を戻したい。

首都ワシントンは大寒波に襲われていた。前日の日曜日に降った雪はやんだものの、気温は最高気温氷点下3度、最低気温氷点下11度にまで下がった。

私は朝4時過ぎ、ホワイトハウス北側のファラガット広場まで妻に車で送ってもらい、まず支局に立ち寄ってパソコンなどの荷物を自室に置いた。大統領就任式を控えた街は厳戒態勢の下にあった。支局のあるビル付近の通りまで即席のフェンスに囲まれ、警察官や州兵が人や車の出入りを遮っていた。

支局からさらに25分ほど歩いて向かったのは、ダウンタウンにある「キャピタルワン・アリーナ」だ。普段はバスケットボールやホッケーの試合に使われている。厳寒のためトランプの大統領就任式は急遽、屋外での開催をとりやめ、連邦議会議事堂の「ロタンダ」と呼ばれるドームの大広間に場所を移した。その代わり、アリーナで就任式のライブビューイングとパレードを披露し、「午後3時半」にトランプが訪れる予定になっていた。

アリーナの収容人数は2万人。早い者勝ちの席を確保しようと、朝5時にはすでに長蛇の列ができ始めていた。実際にトランプがアリーナに登場した午後5時半近くまで、半日以上も待ち続けた人がいたわけだ。

南部アラバマ州から来たリズは「変化が必要だ。特に経済に期待している」と語った。西部カリフォルニア州から訪れた高齢女性は「(民主党の州知事である)ギャビン・ニューサムを追い出したい」と熱弁を振るった。

その2日前、ワシントンにはまったく逆の風景が広がっていた。「反トランプ」のデモに数千人が集まり、街中を練り歩いた。ファラガット広場の集会に首都近隣のメリーランド州から参加したドナは、トランプ政権で起業家イーロン・マスクが影響力を強めることを危ぶみ、「金持ちの寡頭制なんか要らない」と叫んだ。南部テキサス州から来たジルは「女性蔑視はもうたくさんだ」と語気を強めた。

誰の目にも分断は明らかなのに、トランプは気にしない。2度目となった就任演説でも、国民をひとつにまとめ、社会の傷を癒やそうといった思いを伝える言葉はなく、アメリカは「富を増やし、領土を広げる成長国家」だと表現した。

トランプの「アメリカ第一主義」は鎮まるどころか、より扇情的に、より傍若無人になったとしか思えない。

確かに、トランプの存在が「触媒」となって、膠着していた事態が動き出す例はある。たとえばパレスチナ自治区ガザでの戦闘だ。トランプが権力の座に返り咲くことが決まり、イスラム組織ハマスとイスラエルはひとまず停戦に合意した。双方ともにトランプという予測不能の存在を恐れていったんは矛を収めた。とはいえ、3月18日にはイスラエルがガザへの大規模攻撃を再開し、混沌が広がる中東情勢の恒久平和にはほど遠い。

その前にトランプが世界の耳目を集めたのは、デンマーク領グリーンランドの領有を求め、カナダを51番目の州扱いし、メキシコ湾をアメリカ湾に改称するといった周辺国をあからさまに見下す言動だった。就任演説でもパナマ運河をアメリカの手に「取り戻す」と、領土欲をにじませる発言を繰り返した。

そんな「暴言」の理由として、トランプは中国やロシアによる安全保障上の脅威を挙げてみせた。もちろん、重みを増す北極海航路に目を向ければ、中ロの影響圏拡大への野望を無視することはできない。だからといって、アメリカ大統領が力による現状変更を自らほのめかしていいことにはならない。

トランプの頭の中に世界はどう映っているのか。

トランプの言動に目を凝らすと、大国がむき出しの欲望に駆られ、「力の均衡」にしのぎを削った19世紀型の感覚に通じる世界観がみてとれる。そこには21世紀の世界の平和と発展を希求する秩序観は感じられない。

トランプが自分を重ね、繰り返し称賛するのが第25代大統領（1897〜1901年）のウィリアム・マッキンリーだ。スペインとの戦争に勝ってフィリピンやプエルトリコといった旧スペイン植民地を獲得し、キューバを事実上の支配下に置いた。ハワイも併合した。関税政策の提唱者でもある。もっとも、マッキンリーはトランプと異なり、大統領任期の途中で自由貿易の重要性に気づき、関税削減路線へと宗旨変えしたのだが……。

アメリカは19世紀末に帝国主義的拡大と資本主義の発展が重なり、「金ぴか時代」と呼ばれる繁栄を迎えた。トランプは自身の2期目を「アメリカの黄金時代の到来」と自賛し、19世紀の「成長するアメリカ」への憧れを隠さない。

トランプが掲げる「アメリカ第一主義」は単純な孤立主義というわけではないのだ。国際社会にいつ、どのように関わるのか、関与の条件を一方的に再定義しようとしている。アメリカがこれまで主導してきた国際秩序や規範をほとんど顧慮しないうえ、肥大化するトランプのエゴと切り離すことが難しい。つまり、「アメリカ第一」は常に「トランプ第一」に陥る恐れをはらんでいるのだ。

大統領選の直後、聞き流せないやりとりがあった。トランプが表紙を飾ることに異常な執着を示すタイム誌とのインタビューだった。「トランプ王朝が誕生すると思うか」と問う記者に、トランプは「ええ、あり得ると思う」と答えた。

1世紀あまり前にそのタイム誌を創刊したヘンリー・ルースは1941年、「アメリカの世紀」の到来を予見した。その予言通り、アメリカは第2次世界大戦を経て民主主義と法の支配に立脚する国際秩序の盟主となった。

ところが戦後80年を経て、権力の座に返り咲いたトランプは世界保健機関（WHO）といった国際機関や多国間協定、同盟網をことごとく軽んじ、むしろアメリカにとって負担にすぎないとみなしている。その代わり、2国間関係でむき出しの力を誇示する。簡単に言えば、相手に対してマウントをとることに固執している。基軸通貨ドルと世界最強の軍、世界の4分の1の経済力を持つアメリカが、力相撲によって友好国さえねじ伏せようとしているわけだ。

そうしたトランプの「アメリカ第一」は、「アメリカの世紀」の終幕を自ら早めようとしているようにしか見えない。

アメリカの力が相対的に衰え、長年にわたって務めてきた「世界の警察官」でいることに倦み疲れていること自体は責められないと思う。とはいえ、アメリカ自身が秩序の破壊者になっていいわけがない。

依然として軍事、経済の巨大な力を持っているにもかかわらず、世界の中で特別な役割を引き受け続けることに疑問を抱き、その力の新たな使い方を試行錯誤している。それが今のアメリカの実像に近いだろう。

トランプはホワイトハウスに返り咲くやいなや、経済の発展や時代の変化から「取り残された」と感じている支持者の「感情」に強く響くような政策を立て続けに打ち出してきた。不法移民の強制送還、規制緩和や官僚たたき、トランスジェンダーの女子スポーツ参加禁止、関税の引き上げ……。

政策の効果は分からなくても、トランプ支持者は、「内なる敵」とみなすリベラル層が歯がみし、意気消沈する姿を見るだけで留飲を下げる。

巨額の献金で選挙戦を支えた超富豪イーロン・マスクを無二の盟友とみなすトランプに、この国を分断する教育や所得の格差を縮め、「取り残された人々」を豊かにするという明確な構想があるわけではない。

「国を救う者は、いかなる法律も犯さない」。副大統領のバンスがミュンヘンでの「欧州の内なる敵」演説で欧州全土に衝撃を与えた翌日、トランプは自身のSNSにこう書き記した。

法律を無視しても、動機が国を救うことであれば問題ないと宣言したと受け止められた。トランプは第1期政権で従来の規範を壊すことに取り組み、第2期政権では法を乗り越えることに挑んでいるように見える。

その次の日には、フランス皇帝ナポレオンの肖像に同じセリフを重ねて投稿した。トランプは自己愛の固まりのような人物だ。78歳のナルシシストは、「王」と呼ばれることに無邪気に酔っている。

「トランプのアメリカ」はどこに向かっていくのだろうか。

「ＵＳＡ！　ＵＳＡ！　ＵＳＡ！」――。大統領就任式を控えた２０２５年1月20日朝7時ごろ、何ブロックも続くトランプ支持者の長蛇の列から自然に掛け声が上がった。

イベント会場の「キャピタルワン・アリーナ」への入場に向けて、手荷物の安全検査が始まったのだ。路上に残されたのは、折り畳み椅子やバッグ、傘など、会場に持ち込むことを許されず、人々がその場にうち捨てたゴミの山だった。その後の混沌を予感させるような光景だった。

極寒の中、長時間待ち続ける「拷問」から解き放たれた人々は、歓声を上げながらアリーナの入場口に向かった。南部ノースカロライナ州から来たという家族に「超寒いね。楽しんでいるか？」と声をかけた。母親は「歴史的な瞬間だ。『常識』を取り戻すときが来た」と白い息を吐きながら、興奮気味に話した。

私が「日本の新聞記者だ」と身分を明かすと、赤いＭＡＧＡキャップに赤いネクタイ、紺のスーツという保守派の「正装」に身を包んだ息子がこれ以上ない晴れやかな笑顔で、礼儀正しくこう返してくれた。

「Welcome to America!（ようこそアメリカへ！）」――。

※敬称略、年齢は原則、取材時点。為替換算は1ドル＝１５０円で計算

信望なき大国

日本人が知らない「トランプのアメリカ」　目次

序章 「王」の帰還

第1章 幻滅――「2つのアメリカ」、その現場から

第2章 偽善——なぜ「エリート」は嫌われるのか

第3章

排斥——国境に押し寄せる「普通」の人々

第4章 傲慢——秩序をねじ曲げる「暴君」の時代

終章

さらば「アメリカの世紀」

第1章 幻滅

「2つのアメリカ」、その現場から

我々は一緒に憎むことによっても、
憎まれることによっても結束する

エリック・ホッファー
『魂の錬金術』

ある男の変心

「ジェフリー、あんた間違っているわよ」――。

2024年11月9日、世界が注目したアメリカの大統領選挙が終わり、最初に迎えた土曜日の朝だった。首都ワシントンの第3区。私と妻が2021年4月から暮らすアパートのある住宅街の一角で、白人の高齢女性が黒人男性に詰め寄っていた。

男性の名はジェフリーという。こういうことはもう慣れっこだよ、と言いたげな表情を浮かべ、女性の怒りを黙ってやりすごそうとしていた。

ジェフリーが街角で責められていた理由はほかでもない。共和党のドナルド・トランプに投票したからだ。

コロンビア特別自治区と呼ばれるワシントンは有権者の4分の3を民主党支持者が占める。政党のシンボルカラーになぞらえれば「真っ青な首都」だ。

アメリカを南北に分けたときの境目に位置する歴史的な経緯もあってアフリカ系住民が4割を超える「黒人の街」であり、LGBTQ（性的少数者）に寛容な街でもある。このリベラルな街で共和党支持者、しかもトランプ支持を公言する「MAGA（『アメリカを再び偉大に』の頭文字で、トランプ支持者のこと）」を探すほうが難しい。

57歳のジェフリーは中西部オハイオ州で生まれた。若いころから東部ニュージャージー州やペンシルベニア州などに移り住み、最終的にワシントンに腰を落ち着けた。普段は飲食店で働き、週末はいわゆるストリート新聞を路上で販売している。ホームレスや生活困窮者が自ら売り子となって社会復帰につなげる新聞だ。

毎週末、私は妻と散歩に出かけ、ジェフリーと会うたびに新聞を買ってはしばらく立ち話する。大統領選を迎えるころには、そんな習慣ができてすでに3年半が過ぎていた。

「自分は一昔前の民主党員だ。オバマ元大統領まで支持したんだ」。こう熱く語るジェフリーはかつて酒に溺れたこともあるし、路上生活の境遇に身をやつしたこともある。周りにも助けられながら最悪期を脱し、いまは自立した生活を送る。

自立しようともがいた半生への強烈な自負は、「自立するつもりのない人まで助ける民主党」への不信となって跳ね返った。「俺が民主党から去ったわけじゃない。民主党が俺から去ったんだ」とジェフリーはたびたび口にする。「フードスタンプ（食糧配給券）や政府の援助に頼りたくない。施しがほしいわけじゃないんだ」

施しに頼るようになった人々は、いつしか自分の足で立つことを忘れる。施す側は無意識に優越感に浸り、施される側は被害者意識に甘えるようになる。それが結局、国を分裂させ、二極化させている——。彼の主張を覆うのは、これまでの政治に対する抜きがたい幻滅感だ。

ジェフリーはかつて、自分が販売している新聞に苦い思い出を投稿した。15歳のとき、ステーキハウスで初めて仕事を得た。長時間勤務に耐えてためたおカネでスクーターを買った。夜勤を終えて帰り支度をしていたとき、買ったばかりの愛車が盗まれたことに気づいた。黒人とヒスパニック系の2人組が愛車にまたがり、走り去っていった。「『被害者』が『被害者』から盗む」。そんな事実に打ちのめされた——。

「真っ青な首都」のワシントンでトランプ支持の主張を続ければ、様々な反発に遭う。しかも、ストリート新聞を購入する「客」のほとんどは、ホームレスに手を差し伸べたいと考えている、善意に動かされたリベラルな人々ばかりだ。ジェフリー自身もこの街で政治的な話をすることに「ひどく疲れてしまった」とこぼす。

ジェフリーの主張は「特殊」なのだろうか。そうではない。広大なアメリカを歩くと、何人ものジェフリーと出会う。そしてジェフリーに詰め寄った白人女性もまた特別な存在ではなく、よくいる普通のアメリカ人の一例にすぎない。

トランプが2期目の就任式を迎える直前、「お客さんに責められていたね」とジェフリーに話を振った。「意見はいろいろあるから仕方ない。だけど、世論調査をみてもこの国は

共和党大会のトランプ支持者（2024年7月）

75%の人々が国の進む方向性に不満があると答えている。今回の選挙結果そのものが物語っていることだと思わないか」という言葉が返ってきた。

「アメリカの分断」が語られるようになってすでに久しい。

人工中絶の是非や銃規制、移民への対応、LGBTQや気候変動への取り組みまで、実に様々な争点で世論が党派によって二分されている。

アメリカの選挙は社会運動の集合体のようなものだ。

保守であれ、リベラルであれ、自分の関心事を担いでくれる候補を探し、2年前後という長い時間を費やして最もふさわしいと見込んだ候補を応援する。普通の人々が熱狂的に踊りの列に加わる「祭り」の要素が、アメリカの民主主義を特徴づけている。その分、譲れぬ一線への思いが先鋭化し、党派による分断も深まりやすい。

そんな古い「村社会」のような民主主義の空気を残すアメリカは、世界一の経済大国でもある。高インフレに苦しんでいるとはいえ、先進国の中でも高い経済成長を保ち、成長鈍化にあえぐようになった中国が2030年代にアメリカを追い抜くことさえ難しい情勢になってきた。世界有数の巨大企業が集まり、基軸通貨ドルと最強の軍隊を擁するこの国は、世界中からヒト、モノ、カネ、ネタ（情報）をブラックホールのように吸い込み続けている。

集会に参加するトランプ支持者。背中には「真の男はリベラルにならない」との文字が（2021年9月）

そんな豊かな大国でなぜ、人々はいがみ合わなければならないのか。この疑問が私の4年間のアメリカ取材の大きなテーマだった。

ある女の鬱屈

「私は過剰に教育を受けた教員なの」。30代の女性、クリスティナがこう自嘲気味に自分を形容した言葉が心に残っている。東部ペンシルベニア州レディングに住む小学校の教師だ。就学前の2人の娘の母でもある。夫は空軍に所属している。

大統領選を取材した4年間、7つの激戦州に何度も足を運んだ。ペンシルベニア州はその一つだ。レディングは同州最大都市フィラデルフィアから北西に100キロメートルほど内陸に入った人口10万人に満たない郊外の街だ。ヒスパニック系住民が7割を占め、トランプは投票日前日の最後の集会を開く地の一つにこの街を選んだ。

クリスティナは同州ピッツバーグにある大学に通い、修士課程も履修した。「自分にふさわしいポジションを得るため、過剰なまでの教養を身につけたいと思っていた。そのために大金を払った」と振り返る。

「過剰なまでに」と繰り返す彼女の言葉に、教育界の現状への不満と幻滅、さらにはこれまで費やした努力が十分に報われていない現実への鬱屈がにじんだ。

アメリカ人はなぜ再びトランプを選んだのか——。私がアメリカで取材する間、多くの

「ありがとう、ジョー(バイデン)」のパネルを掲げる民主党支持者(2025年1月)

読者や友人、はたまた家族からも繰り返し投げかけられた問いへの一つの答えが浮かぶかもしれない。

クリスティナは日々の生活で目にする現実の矛盾や政策の失敗に打ちのめされていた。「私は低所得の人々が多い学区で働いているので、福祉制度を利用し続ける家庭を目の当たりにしている」。彼女は日々、何を見ているのか。

「たとえば、政府からフードスタンプやお金をもらって生活している家庭の子供たちが、なぜか私よりも最新のスマホを持っている。そういう家庭の子供たちがなぜか、成長期で1年もすれば履けなくなるにもかかわらず、200ドル(およそ3万円)もするような人気モデルのスニーカーを履いて学校に来る」

それに引き換え、クリスティナ自身は借金までして高い教育を受けたのに、苦労が報われているとは実感できない。年収は6万ドルそこそこで、アメリカでは決して高収入ではない。理想を抱いて教育界に足を踏み入れたものの、「年収30万ドルの偉い人たちが語る教育論は現実からかけ離れている」と思う。小学4年生になっても簡単な足し算ができない子が珍しくない。「この国の将来が恐ろしくなる」

彼女は2016年大統領選から一貫してトランプを支持してきた。「郊外の保守的な家庭で生まれ育ち、家族はみんな共和党。子供のころ、父は私のヒーローで、私も共和党を支持することが自然だった」

もっとも、教育界は一般的にリベラルな世界だ。日常生活で彼女がトランプ支持者だと公言することはほとんどない。「周りはみんな民主党支持。私は仕事を続けたい。だから職場では口をつぐむしかない」

もちろん、「保守派」でいることの葛藤がないわけではない。娘2人の母親としては、保守強硬派の人々が性暴力の被害に遭った場合も含めて例外なく人工中絶に反対することには疑問がある。それでも、トランプが刑事訴追されたことや、事実に基づかない虚言をまき散らすことは大きな問題だとは考えていない。

大統領選直前、ハリス応援のパネルを掲げる黒人女性（2024年10月）

「トランプの言うことも、やっていることもめちゃくちゃなのは知っている。そんなことはみんな分かっている」。クリスティナはこう話した後、少し間を置いて続けた。「一教師として考えても、いまの教育政策は失敗している。私たちは腐敗した政治家をずっと見てきた。政治家ではない人物の登場はそれだけで新鮮だった」

トランプの物議を醸す言動についても「彼は非常に率直に話している」と受け止めている。クリスティナらトランプ支持者はそうしたトランプの「本音」を話す姿勢そのものが「本物（Authentic）のリーダー」である証拠だとしばしば口にする。「ワシントンの腐敗したエリート」を特徴づける偽善や建前、「政治的正しさ」にとらわれない言動を彼らは気に入っているのだ。

若者たちの哀歓

アメリカ合衆国の「建国の地」といえば、1776年に建国の父たちが集まって独立宣言を採択したペンシルベニア州フィラデルフィアだ。自由の鐘や独立記念館といった国家誕生の歴史が刻まれ、映画『ロッキー』の舞台としても知られる。多くの観光客が訪れ、「アメリカ人としての誇り」を呼び起こす地となっている。

この古い街にある伝統校、ドレクセル大学に2024年秋に入学したケンは、11月の大統領選で初めての1票を民主党のカマラ・ハリスに投じた。そのすぐ隣にある「アイビーリーグ」の一角、ペンシルベニア大学に通う19歳のスティーブ・ヤンも、初めての投票先にハリスを選んだ。

ちなみに若き日のトランプは当初、ニューヨークの私立、フォーダム大学に入り、後にペンシルベニア大ウォートン校に編入して経済を学んだ。

ケンとスティーブに話を戻すと、2人はそれぞれメリーランドとニューヨークという民主党地盤の「青い州」からペンシルベニアに大学進学を機にやってきた。2人とも「実家の

ハリス支持の大学生（2024年10月）

ある地元で投票しても選挙結果を動かすことはできない。激戦州で投じる1票の価値はその分、重い」と考えた。

ケンやスティーブのように2024年大統領選で初めて投票権を得た若者に共通しているのは、多感な年ごろにさしかかる10代前半にトランプ第1期政権を経験したことだ。トルコとアルゼンチンからの移民の両親を持つドレクセル大のネチャティ・アスランは「トランプが移民を攻撃するのを見て、私自身のアイデンティティーと私の家族が攻撃されていると感じた」と話す。

スティーブは選挙前、「カマラ・ハリスのスローガンと同じで、僕は『後戻りしたくない』」と語っていた。

しかし、現実は厳しかった。ハリスの敗

若い人たちの間にも、トランプ支持者は増えている（2023年8月）

北が確定した後、スティーブは「残念だけど、結果は受け入れる」と述べた。ケンは「トランプの政策について何も知らずに投票した人々に失望した」と悔しさをにじませた。

逆の立場の若者もいる。

もう一つの激戦州ノースカロライナ州の大学4年生、コディは大統領選での初めての1票をトランプに投じた。中西部の「赤い州」であるオハイオ出身のコディは「個人の実力よりアイデンティティーを利用する政治は信じない。共和党にはキリスト教の価値観がある」と固く信じている。

選挙後に連絡を取ると、コディの喜びは相当なものだった。「僕らの声が届き、有頂天だ。多くの民主党員やリベラル派は、共和党員が『邪悪』で『ぞっとする』人々で、ごく限られた狭い空間にだけ存在しているかのように扱ってきた。本当はそうじゃない。僕らはここにいる。主張がようやく届くようになる」。まさに「有頂天」だった。

選挙を経るごとに人々を隔てる溝は狭まるどころか、党派による人々の対立が一段と深まっているように見える。アメリカ社会の分断は、すでに抜き差しならない状態に突き進んでいるのではないのか。

そんな懸念に対し、「2024年大統領選はアメリカ社会の二極化を広げたのではなく、逆に縮めたのだ」と「脱・二極化」を指摘する声がある。いったい、どういうことなのか。

「上下」の分断

「脱・二極化」の意味をくみ取るためには、民主党の「負けっぷり」をおさらいする必要がある。トランプは7つの激戦州すべてでハリスに勝ち、全国合計で538人いる選挙人のうち312人を獲得して勝利を獲得した。

一般有権者による得票数をみても、トランプが7727万票に対し、ハリスは7498万票にとどまった。トランプの得票率は49・9%と過半に届かなかったとはいえ、共和候補

	2020 バイデン	2024 ハリス	変化	2020 トランプ	2024 トランプ	変化
非大卒男性	44	38	-6	55	60	5
大卒女性	65	61	-4	34	38	4
都市部男性	58	58	0	40	40	0
郊外男性	49	46	-3	48	52	4
農村部男性	34	31	-3	64	67	3
都市部女性	73	68	-5	26	30	4
郊外女性	59	57	-2	40	42	2
農村部女性	41	39	-2	57	59	2
世帯年収 2.5万ドル未満	56	50	-6	42	47	5
世帯年収 2.5万～5万ドル	52	47	-5	46	51	5
世帯年収 5万～7.5万ドル	49	46	-3	49	52	3
世帯年収 7.5～10万ドル	48	46	-2	50	53	3
世帯年収 10万以上ドル	52	53	1	47	45	-2

AP通信投票調査、%、グレーは民主党支持が5ポイント以上下がった属性

全米	2020 バイデン	2024 ハリス	変化	2020 トランプ	2024 トランプ	変化
男性	46	44	-2	51	54	3
女性	55	53	-2	43	46	3
29歳以下	61	52	-9	36	46	10
29歳以下男	56	42	-14	41	56	15
29歳以下女	65	58	-7	33	40	7
白人	43	43	0	55	55	0
白人男性	40	39	-1	58	59	1
白人女性	47	46	-1	52	53	1
黒人	91	83	-8	8	16	8
黒人男性	87	74	-13	12	24	12
黒人女性	93	89	-4	6	9	3
ヒスパニック	63	56	-7	35	42	7
ヒスパニック男性	59	50	-9	38	47	9
ヒスパニック女性	66	60	-6	32	38	6
白人29歳以下	52	44	-8	45	54	9
白人30~44歳	46	46	0	51	52	1
白人45~64歳	40	40	0	59	59	0
白人65歳以上	43	43	0	56	56	0
黒人29歳以下	87	75	-12	10	23	13
黒人30~44歳	87	77	-10	11	21	10
黒人45~64歳	92	86	-6	7	13	6
黒人65歳以上	94	92	-2	6	6	0
ヒスパニック29歳以下	73	58	-15	24	38	14
ヒスパニック30~44歳	64	53	-11	33	43	10
ヒスパニック45~64歳	57	54	-3	41	44	3
ヒスパニック65歳以上	60	57	-3	39	41	2

が総得票数で民主候補を上回ったのは2004年のブッシュ以来のことだ。

民主党のハリスの敗北は、わずか1・5%にすぎない総得票数の差からは想像できない惨状によってもたらされた。AP通信が大統領選に合わせて実施した有権者の投票調査を見ると、その悲惨さが明らかになる。

まず、黒人男性やヒスパニック、若者といった、これまで民主党の主要支持基盤とされてきた有権者の離反が目立った。従来は「白人は共和支持」「非白人は民主支持」が定説で、民主党自身もその前提に立って選挙戦を展開してきた。つまり、最大多数派である白人の存在感が徐々に小さくなる人口動態の変化をにらみ、「人種による二極化」をある意味で前提として、党勢拡大の策を練ってきたわけだ。

ところが、2020年の前回選挙の調査と比較してみると、2024年選挙では特定の支持層に限らない「全面的な民主党離れ」が起きた実態が浮かぶ。中絶問題で奮起を期待した都市部や郊外の女性さえ、民主党は支持を減らした。

「民主党の敗北」という結果からは「人種による二極化」の拡大に歯止めがかかったという見方もできるだろう。これが「脱・二極化」説の根拠だ。

むろん、この傾向が今後も続くのかは分からない。人種による分断の問題の根深さを考えると、それほど単純な話だとも思えない。しかし、アメリカの分断を理解するうえで一つのヒントにはなるだろう。

保守とリベラル、トランプ主義と急進左派といった「イデオロギー」や「文化」、もしくは人種や地域といった縦割りの集団やコミュニティーによってアメリカの分断をとらえることは確かに可能だ。一方で、2024年選挙での民主党の「負けっぷり」にくっきりと刻まれるのは、そうした「左右」の断層というよりも、アメリカ社会を「上下」に分かつ溝だったように思える。

たとえば、人種や住居地、性別、世代など様々な区分で有権者を分解していくと、前回2020年選挙よりも民主党支持が増えたのは年収10万ドル（約1500万円）以上の富裕層くらいだった。逆に、所得が低いほど民主党離れが進んだ。

民主党の伝統的な地盤であるニュージャージー州、ニューヨーク州、イリノイ州といった「青の牙城」でも、ハリスはトランプに差を詰められた。長年、民主党が勝ち続けてきたフロリダ州マイアミ・デイド郡も陥落した。アラブ系住民が多いミシガン州ディアボーンではバイデン・ハリス政権のイスラエル支援への批判から第3の党である「緑の党」の候補に18%の票が集まり、ハリス敗北の主因となった。

選挙後、「もともと労働者の党だった民主党から労働者が離れた。だから『労働者階級』に焦点を当てた政策の立て直しが急務だ」という声が民主党内で強まった。とはいえ、民主党のありようを変えないまま「左」にかじを切っても、「上下」の分断というワナから抜け出すことは難しいだろう。

離れていってしまった有権者を「労働者階級」とみること自体、トランプ共和党支持に流れた人々は「自分たちとは異なる人々」だと無意識にレッテル貼りする思考が潜む。「階級」や「人種」といった属性に当てはめるまでもなく、多くの普通の有権者、生活者の大半からノーを突き付けられたと考えるほうが自然だ。

ワシントンの政治のプロの間では「民主党のメッセージが市井で暮らす人々に届かなかった」と言われた。

だが、それ以上に私が「そうだよな」と納得したのは、激戦州の一つ、中西部ミシガン州で民主党を支持してきた白人男性の言葉だった。

「民主党エリートの言葉が俺たちに届かなかったわけじゃない。俺たちの言葉を聞く耳を彼らが持っていなかったのだ」

ワシントンのジェフリーやペンシルベニアのクリスティナが抱いている「報われない」という思いは、多くの人々の心に深い傷痕として刻まれている。

その傷は「施す」ことで癒やされるとは思えない。公平な機会を得て自ら働き、懸命に生活する。そんな当たり前の人生を正当に評価してほしい、敬意を払ってほしいという自尊心の問題に行き着くからだ。

意識高く「目覚めた」立場にいる人々が、日常のなりわいに汗を流す人々を批判しても、上から目線で人を見下す態度にしか見えない。

トランプ陣営が繰り返した「4年前より暮らしは良くなったか」という問いが有権者に響いた理由はここにあるのだろう。衣食住をめぐる高インフレへの怒りは、長くため込んできた不満を爆発させた。まさに、限界ぎりぎりの重い荷物を背負って歩んできた「ラクダの背を折る最後の1本の藁《わら》」だったのかもしれない。

選挙後、ワシントンでとても親しくしてきた民主党支持の友人たちが「トランプ支持者は学歴の低い人が多いので、いくらまともな説明をしても聞いてくれない」と話しているのを何度も耳にした。高学歴のリベラルな人々がいかに多くの「普通の人々」を遠くに押しやってきたか。そう思わずにはいられなかった。

では、アメリカを「上下」に分断する溝はどれほど深いのだろうか。

年収1億円でも補助の対象

「可能性がある」――。ウェブページの説明を読んだとき、苦笑するしかなかった。子供3

人の世帯なら、年収80万ドル、つまり1ドル＝150円とすれば年収1億2000万円でも学費の補助を受けられるかもしれないと書いてあったからだ。

ニューヨークの金融街にある私立名門校の説明の一節である。全寮制で高校生まで受け入れ、超名門の大学進学をめざすいわゆる「プレップスクール」の一つだ。学費は高校生で年間6万8000ドル前後、日本円ならおよそ1000万円にのぼる。

こうしたプレップスクールの出身者にはケネディ家やロックフェラー家の子弟、JPモルガン・チェース最高経営責任者（CEO）のジェイミー・ダイモンら著名経営者、バイデン政権の国務長官アントニー・ブリンケンら外交官、政治家、芸術家らが名を連ねる。「エリート再生産機関」だといえる。同級生の親が経営する企業で自分の子供の職業人生を始めさせることも珍しくない。

冒頭の学校のウェブページには「財政援助」の説明があり、「様々な社会・経済的背景を持つ多様な生徒の入学に取り組んでいる」とわざわざ明記してある。「入り口」の狭さは自覚しているわけだ。アメリカで社会階層のはしごを上っていくことの厳しさを改めて痛感させる一文だった。

大統領選が終わり、人々の関心がトランプ政権の主要閣僚人事や政策に移っていたころ、世界でもトップクラスの評価を受ける名門大学、マサチューセッツ工科大学（MIT）の新たな施策が話題になっていた。２０２５年秋に入学する学部生を対象に「年収20万ドル以下の世帯出身」なら学費を免除すると発表したのだ。

ＭＩＴは親切にも、優秀な我が子をＭＩＴに通わせると年間いくらかかるのかという見積もりをウェブページに載せている。

▽学費６万１９９０ドル▽学生活動費４０６ドル▽住居費１万３０６０ドル▽食費７２２０ドル……等々、合計で８万５９６０ドルという。

同じくマサチューセッツ州にある私立大の名門、タフツ大の資料を入手すると、10年前、２０１４年の学部生の年間費用は合計で６万１２００ドル強という概算だった。それが２０２４年は９万２１００ドル強と、10年間で１・５倍に膨らんでいる。恐ろしい急騰ぶりだ。

超富裕層であれば、痛くもかゆくもないだろう。逆に低所得層なら様々な財政的な支援を得られる可能性がある。アメリカ人の友人いわく、「中間層が最もきつい。財政面の支援はそこそこしか受け取れず、一方で子供に良い教育を授けたい志向も強い。余裕を持つためには、年収50万ドルくらいはほしい」。

アメリカの大学は奨学金など優秀な学生への支援が日本と比べて充実しているものの、超人気の名門大学に進学したければ学業が優秀なだけでは不十分だ。子供のころから習い事やスポーツなど学業以外の成果も積み上げておかないと安心できない。学費がものすごく高い有名私立に通うか、評価の高い公立校がある高級住宅地に住むか。裕福な家庭以外から名門校に進むのはかなりの「狭き門」だ。

アメリカにある大学のランキングを作成する「USニュース&ワールド・リポート」によると、2024年度の私立大学の学費は平均4万3505ドル。公立大学でも州外の学生なら2万4513ドル、州内なら1万1011ドルの学費が平均でかかるという。

日本では東京大学が2025年度入学の学部生の学費をおよそ11万円引き上げて64万円余りとしたことが騒ぎになった。アメリカの大学の学費は最も安い公立校の平均でも東大の2倍超となっており、桁違いに高い。

ある調査によると、アメリカの大学生のうち9割近くがローンを含むなんらかの奨学金を利用している。アメリカでは日本円で1億円程度の収入を得ていても、特別に裕福とはいえないのが実態だ。教育にどれだけお金をかけられるかが社会の階層を線引きする決定的な要因の一つとなっている。

教育の格差がそのまま所得の格差につながり、それが党派の分断にまで投影されている。民主主義の根幹ともいえる選挙は様々な制度を採用しても、基本的には数の力が物を言う。

その意味で、高学歴ではない「普通の人々」を支持基盤から遠ざけてしまった民主党は不利だ。なぜならアメリカでは4大卒以上の学歴を持つ人は25歳以上の人口の37%にすぎないからだ。トランプ主義のように人口の6割強を占める「普通の人々」に的を絞るほうが理にかなっているのだ。

30年前の指摘

「かつての中間層は収入の維持だけでなく、雇用や医療保険の維持にも不安を覚える『不安階級』となった」

「私たちは一部の勝ち組と取り残された多数派のアメリカ人からなる二極化社会に向かっている最中だ。取り残された人々の怒りや幻滅は、容易に操られ、いったん爆発すれば社会の基盤や道徳的誠実さをむしばみ、野心を妬みに変え、寛容さを憎悪に変えてしまう。今日、その怒りの矛先は私たちに向けられている」

選挙での惨敗の後、民主党政権の労働長官は敗因とアメリカ社会の現状をこう語った。ただこれは2024年の発言ではない。その30年前、1994年のものだ。

発言の主は当時の大統領、ビル・クリントンのエール大ロースクールの同級生で、その政権の労働長官だったロバート・ライシュ。1994年中間選挙で民主党は下院で54議席を失い、40年間続いた下院多数派から転落する大敗を喫した。

勤労者を柱とする中間層が細り、「労働者の党」を自負してきた民主党の基盤が崩れているとの危機感を30年前から指摘していた。しかし、この危機感は具体的な打開策に生かされることはなく、ライシュの言うように、２０１６年に「取り残された人々の怒りや幻滅を容易に操る」トランプの登場を許した。

「この国の有権者は強烈な『現状への不満』を抱いている。街に出れば誰にでも分かることだ」。エール大学の哲学教授で10年以上にわたってトランプの言動を分析してきたジェイソン・スタンリーはこう語った。東部コネティカット州ニューへイブンにある彼の自宅を訪ねたときのことだ。ちなみに、スタンリーはトランプ第2期政権の発足後、アメリカから逃れ、カナダのトロント大学に移ることを決めた。

確かに「誰にでも分かる」かもしれない。たとえば、初めてアメリカに来た人が驚くことの一つは、世界一の経済大国の街中で目にするホームレスの多さだろう。

アメリカ政府による２０２４年調査をみると、全国で1年前に比べて18％増え、およそ77万１４８０人と過去最高を記録した。首都ワシントンにも前年比14％増の５６００人ほどのホームレスがいる。全国平均の人口比が０・２％に対し、ワシントンは０・８％と高い。大統領が暮らすホワイトハウス近くの公園にもホームレスのテントが並び、オフィスを一歩出れば「小銭がないか」と声をかけられる。

全国のホームレスは2020年からの4年間で33％増えた。この間、東部ニューヨーク州は7割増、西部カリフォルニア州は16％増だった。中西部の大都市シカゴがあるイリノイ州にいたっては2・4倍に増えている。いずれも民主党が強い地域だ。不法移民の急増や住宅費の急上昇、薬物乱用などが主な原因である。

一方で、アメリカでは「上」を見れば切りがない。トランプの盟友となった起業家イーロン・マスク、アマゾン・ドット・コム創業者のジェフ・ベゾス、メタ最高経営責任者（CEO）のマーク・ザッカーバーグ。純資産が1000億ドルを超える超富豪がごろごろいる。

ブルームバーグの2024年12月時点の集計によると、世界の大富豪上位10人のうち9人がアメリカ人だ。桁違いの金持ちや住む家さえない路上生活者の話は「自分とは関係のない極端な事例」と思いがちだが、そんな挽回不能ともいえる「極端な状態」が固定化・常態化しているところにアメリカの問題の根深さがある。

もう少しデータを拾ってみたい。連邦準備理事会（FRB）によると、アメリカの富裕層は上位10％だけで全体の富の3分の2を保有している。下位50％の世帯が持つ全資産の10倍を超える規模だ。

さらに上位1％の超富裕層に絞り込んでも、彼らが手にした富は全体の30％を占める。

格差などという言葉では十分に形容できないだろう。富の一極集中だ。

仮に、超富豪とホームレスはあくまでも「極端」な事例で、その真ん中に分厚い中間層、つまり暮らしが安定していて子供に十分な教育を受けさせることのできる人々がいるなら、まだ救いがある。

実態はそうではない。ごく一部の超富豪と、たとえ自力で生活していても所得階層でいえば下半分の「その他大勢」に社会が「上下」に分断され、真ん中の中間層はぐずぐずに溶けて液状化してしまっている状態だといえる。

「青」への不満

アメリカの著名ジャーナリスト、ファリード・ザカリアが書いたものを読んで面白かったので、自分でもデータを調べてみた。民主党が強い「青い州」のニューヨークと共和党が強い「赤い州」のフロリダの比較だ。なぜこの「上下」の分断が「リベラルへの幻滅」として大統領選の結果に表れたのかが透けて見える。

人口はニューヨークがおよそ2000万人、フロリダがおよそ2300万人でほぼ同等だ。ところがニューヨークの予算はフロリダの2倍を超える。ニューヨーク市だけみても市政府の支出は2012年から2019年の間に1・4倍に膨らんだが、市が提供する公共サービスの水準がこの間に4割増しに改善されたとは聞かない。

調査期間「タックス・ファンデーション」の集計によると、ニューヨーク州の税負担は15・9％と全国で最も高い。一方のフロリダ州は9・1％だ。にもかかわらず、ホームレスの数はニューヨークが15万8000人あまりとフロリダの5倍にのぼる。

「これだけ税金を払い、大金持ちはますます潤っているのに、なぜリベラルな政府は私たちの生活を良くすることができないのか？」という不満が鬱積するのが分かるだろう。余裕のある暮らしをしているわけでもない人々が、自分たちの生活に還元されないのなら税負担など低いほうがいいと考えるのは、むしろ自然だ。

中西部イリノイ州にある全102郡のうち、南部33郡は州からの「離脱」を望んでいる――。ここ数年でそんな住民投票結果が積み重なった。

州北東部の大都市シカゴ周辺は民主党が強い「青い地域」だ。州南部は共和党が優勢な「赤い地域」だが、州全体でみればシカゴのリベラル勢力が州全体を「青」に染めている。こうした現状への「赤い地域」の反発が表面化した。

各郡の住民投票に法的拘束力はなく、実際に分離して新たな州をつくる現実味は薄い。それでも共和党が強い隣のインディアナ州は「離脱して我々に加わるべきだ」（インディアナ州議会の下院議長トッド・ハストン）と秋波を送る。イリノイ州の個人所得税や法人税の負担はインディアナ州よりもずっと重い。イリノイ州内の「反シカゴ感情」の根っこには「負担のわりに報われない」との不満がある。

日常生活の安全、治安にも不安が広がる。「青い州」を代表する西海岸のカリフォルニア州のサンフランシスコは海に面した地中海性気候の美しい街だ。しかし、街の中心部、テンダーロイン地区は薬物中毒の人々が路上にたむろし、危険なエリアの一つとなっている。麻薬を売り買いしている人の姿も見かける。

サンフランシスコから東側の対岸にある街、オークランドで後部の窓ガラスが割れた「レクサス」を駐車していた男性がいた。どうしたのかと尋ねると、「サンフランシスコのダウンタウンに出かけたら、車上荒らしに遭った。金目のものなど置いているわけないのに」とぼやいていた。

首都ワシントンでも車上荒らしや強盗騒ぎが頻発している。ドラッグストアでは商品のほとんどが鍵付きのガラス戸棚にしまい込まれている。万引きやいたずらが絶えないためだ。シャンプーを買うのにいちいち店員を呼び出し、カギを開けて取り出してもらわないといけないので、なんとも面倒くさい。

「上下」の分断を深めているのは、歯止めがかからない中間層の液状化だ。「アメリカは富裕層と低所得層からなる途上国型経済となった」と指摘する経済史家のピーター・テミンは2017年出版の『なぜ中間層は没落したのか』で、アメリカの中位所得の労働者の収入は過去40年、上昇していないと分析した。

製造業が中核だった時代が終わり、経済の国際化、情報化、デジタル化という速くて大きな変化に取り残された人々の状況は、政権政党が共和党であろうと民主党であろうと変わらなかったということだ。

健全な民主主義を支えるために必要な「分厚い中間層」という幹は、いつの間にか名ばかりになってしまった。合衆国憲法の父といわれるジェームズ・マディソンは、過剰な富の集中は戦争と同じくらい民主主義にとって有害だと説いた。

正当性を説明できないほどの不平等は、反エリート主義や大衆迎合主義と容易に結びついて社会の分断を深めてしまう。19世紀、アレクシス・ド・トクヴィルは、大衆が特権階級に対して抱くのは「畏怖ではなく憎悪」だと説いた。アメリカの社会は、人々の不平不満が憎悪へと転じる臨界点に達しているのかもしれない。

地獄の沙汰も……

誰もが出自に関係なく機会をつかみ、自らの能力と努力で成功を実現する。そう夢見て移り住んだ人々がアメリカという国をつくった。「アメリカンドリーム」は移民国家を一つにまとめる求心力、「神話」だった。そして、夢を実現した分厚い中間層が健全な民主主義の支え手になる。そんなアメリカの好循環は崩れた。

「普通の人々」は現状に不満を抱き、繁栄から置き去りにされた恨みと嫉妬の感情を募らせ、問題を長年解決できない民主主義そのものを「弱い」と感じ、自分たちのことを顧みない首都ワシントンに集う伝統的な政治家たちを「敵」だとみなすようになった――。エール大のジェイソン・スタンリーはトランプ主義が勢威を伸ばす背景をこうみている。

能力に基づいて評価し、報酬を得る実力主義はアメリカンドリームを体現する「正しさ」の一つであることは間違いない。とはいえ、アメリカの有力企業ではCEOの報酬が一般従業員の1000倍を超えることも珍しくない。人間の能力に本当にそれほどの差があるだろうか。それほどの差を正当化する正義とは何だろうか。

税制も富の一極集中に拍車をかけてきた。アメリカの最も富裕な層の400世帯を調査した研究によると、２０１０〜18年にこの最富裕層が負担した平均の連邦個人所得税率はたった８・２％にすぎなかったという。

教育、住宅、食事、医療。アメリカで日常生活に支障なく暮らそうと思えば、とにかくカネがかかる。住宅価格は２０２４年７〜９月期までの３年で３割近く上昇した。

ワシントンで外食しようと思えばおよそ10％の消費税に加え、チップも最低20％が相場となった。つまり、常に価格に３割上乗せして支払うことになる。一方で在宅勤務の定着によってワシントン中心部に出勤してくる人の数は減り、外食産業の経営環境は厳しい。人気の有名店でも閉店を迫られるケースが相次いでいる。

もう一つ、卑近な例を挙げよう。私はアメリカ赴任中、長年患った椎間板ヘルニアが悪化して歩くこともままならなくなったため、椎弓切除という手術を受けた。外科医、麻酔医、病院施設料、部屋代、薬剤代と様々な請求書が別々に送られてくる。執刀医や病院は自分が加入している医療保険の対象か否か、診断と治療行為を保険会社が適正と認めるか否か、麻酔医への支払いは保険でどれだけ賄えるか。一つひとつ保険契約をチェックしていくしかない。非常に面倒だ。

保険契約上、自己負担に上限があることが分かり少しほっとしたものの、そもそもアメリカの医療制度に慣れていない。請求書の数が多すぎ、最終的にいくら自分で負担するのか不安が消えない。手元に自由になる多額のドルがあるわけでもない。医師、看護師、病院、保険会社にしつこく問い合わせた。看護師に「不安なら手術はキャンセルできる」と言われたものの、すでに神経ブロック注射などは効かなくなっており、手術を受ける以外の選択肢は事実上なかった。

手術当日の朝、忘れずに持参するよう病院から言われたのは小切手帳だ。病院にたどり着き、まずやったことは「5000ドル（約75万円）」の金額を書き入れ、サインすることだった。不慣れな小切手をようやく切り、事務員が銀行口座に残高がきちんとあることを確認した後、ようやく病室に通された。

私が2012年から4年間、記者として赴任していた中国でも、入院前の銀行口座残高チェックは普通だった。「一般庶民の生活の質という点で、アメリカと中国は大差ない」などと考えながら、手術の開始時間を待った。

当時はまだ新型コロナウイルス禍が完全には収束していなかった。アメリカ人が発熱くらいではなかなか病院に行きたがらず、結果として感染の蔓延を許してしまった理由の一つが分かった気がした。地獄の沙汰も金次第なのだ。

男と女の間には深くて暗い河がある

「バラク・オバマのあの発言は好きになれない。気に入らない」。大統領選直前の2024年10月中旬、ペンシルベニア州フィラデルフィアの街角で選挙人登録を呼びかけていたジェレミーはこう話した。

「僕はカマラ・ハリスに投票するつもりだけど、僕ら黒人の男性の中には、確かに彼女に投票したくない人もたくさんいる。女性だから投票するのに抵抗がある人もいるけど、経済やインフレへの対応をもっとはっきり言ってくれという人が多い」

ジェレミーが言う「あの発言」とは、元大統領のオバマがその直前に遊説先の同州ピッツバーグで述べた言葉だ。

オバマは黒人男性有権者に向けて「兄弟たちに活気がないようだ」と呼びかけ、「君らはあらゆる理由や言い訳を並べ立てている」と断じた。そして「女性を大統領にする考えに納得していないだけではないのか」と畳みかけた。

大統領選の勝敗を分ける同州で民主劣勢が伝えられ、オバマは黒人男性たちに対して四の五の言わずに投票に行けと活を入れたわけだ。

オバマの「発言」は、黒人男性たちの反感を買った（2024年10月）

しかし、その焦りは裏目に出た。「俺たちを侮辱している」「偉そうだ」との反発が一気に広がった。「オバマは俺たちを代表していない」と言い切る黒人男性もいた。2024年の選挙戦で最大の失言の一つだった。

「黒人は民主党支持」という、人種による「縦割り」でアメリカ政治をとらえる定説に亀裂が入った瞬間のように私は感じた。

トランプ、ハリスともに「男性票」の行方に気を配っていた。特に黒人の男性票だ。その証拠に、2人がそれぞれ選挙戦の立ち寄り場所として、同じような場所を選んだことがある。黒人男性が集う理容店だ。

昔から黒人男性が集まり、政治や仕事、趣味、街の噂にいたるまで、男だけの「床屋談義」を繰り返してきた伝統の場所だ。

マチズモ（男性優位主義）という言葉を生んだラテンアメリカ系だけでなく、「黒人男性にも男性優位という保守の伝統がある」。南部ノースカロライナ州にあるデューク大の政治学教授、ケリー・ヘイニーはこう指摘した。ヘイニー自身も黒人男性である。

性別という断層が2024年の選挙戦で特に重視されたのは、アメリカ社会を「上下」に切り裂く断層と色濃く重なる形でクローズアップされたからだろう。かつて中間層だった人々が経済構造の急速な変化に取り残された思いを抱いたように、アメリカ社会の大きな変化に伴って、「男たち」も恨みや不満をため込んでいった。

たとえば、首都ワシントンの住人で民主党支持からトランプ支持に転じたジェフリーは「（動物の群れを率いる最強の雄である）『アルファメール』が必要だ」と力説していた。自立するつもりのない人まで助ける「弱い政治」は要らない、それぞれが自立をめざすために「強いリーダー」がほしいという考え方だ。

そして自身の主張をこう正当化した。「自分は女性嫌悪主義というわけではない。男として生きることが好きなだけだ」。男は強い、女は弱いという固定観念に当てはめた発言自体に問題があることをジェフリーも分かっていないわけではない。それでも彼は気づかないふりをして、自己主張を押し通した。

ここに長年にわたってこじれてしまった「感情」の問題を感じる。

半世紀前のアメリカを振り返ると、文字通り「一家の大黒柱」だった男性の労働参加率は80%ほどの高水準だった。ところが足元では68%前後にまで下がっている。この動きは製造業の衰退と歩調を合わせており、半世紀前に働き手の4分の1を占めていた製造業の雇用者数はすでに8%台前半にまで低下した。人生において「自立」する年齢層である25〜34歳をみると、両親と同居している割合は女性が1割強にとどまるのに対し、男性は2割にのぼる。

自動車をはじめ製造業が支えたアメリカ経済は国際化、情報化、デジタル化の大波ですっかり姿を変えた。金融やデジタル分野を中心に超富裕層にますます富が集中し、社会の中で思い描かれていた「男の役割」や「存在感」はしぼんでいった。

100年前に時計の針を巻き戻したような男尊主義の幽霊がこの国をうろついていませんか？　『性の再考』の著者、クリスティン・エンバにこう尋ねた。彼女は一瞬苦笑した後、さっと表情を引き締めて答えた。「女が男の役割を奪うという不安は必ずしも真実ではない。だけど、感情は時として真実より重いよね」

男性がさいなまれている喪失感という感情。それがアメリカの政治の現実を動かしている。人々の心の中を隔てる壁となっているだけでなく、学歴や教育という社会を「上下」に

トランプは「強い男性」復権の象徴としてとらえられた(2022年2月、フロリダ)

分かつ断層と重なり、政治の分断をより深めているのだ。

たとえば4年制大学への進学率をみると、分かりやすい。1973年は男性が35%、女性が28%だった。それが2022年には男性38%に対して女性が50%と女性優位が鮮明になっている。

学位の取得でも差がついた。25~34歳の大学の学位取得率をみると、1970年は男性20%、女性12%だったが、1990年代に女性の比率が男性を上回るようになった。2021年には男性36%に対して女性46%と、男女間の学歴格差が広がった。

ギャラップが2024年1月に公表した調査結果によると、大学教育を受けたアメリカ人の38%は民主主義に満足していたのに対し、高卒以下で満足していると答えたのは21%にとどまった。学歴による現状に対する満足度の差は明らかだ。

一般的に学歴が高くなるほど自分を「リベラル」だと認識する傾向が高まる。アメリカでも大卒女性が増えるにつれて、リベラルだと自認する女性が増えた。

一方で学歴も資格もなく、社会における「立場」や「身の置き所」さえも脅かされていると感じている男性労働者層の目には、自分の国の未来が暗く映る。

性別という分断の河は深く、暗いのだ。実際に、選挙戦を通じて世論調査では女性の過半がハリス、男性の過半はトランプを支持した。特に、「男らしい」と自認する男性は6割超がトランプを支持するとの調査結果もあった。

男尊主義の幽霊

「弱者に甘んじたくない」という鬱屈は、反知性主義や反エリート主義と結びつき、男らしさに過度によりどころを求める男尊主義をはびこらせている。

没落感や喪失感への怒りを抱く白人男性労働者が中核だったトランプ支持基盤は、いまや男性全体に広がったといえる。

こうした感情をこじらせた人々に、オバマの言葉は「上から目線」としか聞こえない。そして、トランプは人々の不満という感情の火にまきをくべるのが抜群にうまい。ポピュリスト政治家としての真骨頂だろう。

「男どもの心情」を理解できないわけではない。ただ、政治の舞台ではくどいほどに「男らしさ」を誇り、世の中の流れすべてにマウントをとろうとしているかのようなベタな演出があふれた。その暑苦しさと騒々しさには正直、閉口した。

トランプは21世紀ではすでに過去の遺物になったかと思っていた「男の世界」をあおった。2024年7月の共和党大会で登場曲に選んだのは、ジェームス・ブラウンが「♪この世界は男が回している」と歌う『マンズ・マンズ・ワールド』だ。プロレスラーのハルク・ホーガンらを出演させ、男臭さを徹底して演出した。

これに対し、民主党候補のハリスは「女性」を前面に出すことを控えようと神経を使っていた。男たちの無用な反発を買って「ガラスの天井」を余計に厚くする必要はないからだ。それでもトランプは「口撃」をやめなかった。「女性だが、どういうわけかうまくやっている」とハリスを見下し、「知的障害者」と呼んで差別を助長することもいとわなかった。

ひどく意地が悪いと思ったのは、サンスクリット語で蓮《はす》を意味する「カマラ」という名前をわざと間違った発音で呼び続けたことだ。すでに名前は定着し、正しい発音が分から

様々な性認識の人たちが、ハリスを支持した（2024年8月）

ないという説明は通らない。アメリカの伝統社会になじみのない「よそもの」だと印象づけ、自分を格上に見せる思惑は明らかだった。

こうした幼稚かつ陰湿だが、単純なメッセージ力を持つ権力者による「いじめ」は、女性だけでなく、多様な性認識を持つ人々を不安に陥れている。

「私たちは結婚してすでに22年。トランプが大統領になったら、私たちに対して何をするつもりなのか。後戻りしたくない」。選挙前、ネバダ州ラスベガスの民主党集会で会ったレズビアンのカップル、ティフとアルはこう語っていた。

ニュージャージー州で高校のカウンセラーを務める60代女性は選挙後、「私たちは

ハリス支持者の中には、トランプの性差別的発言にネガティブな感情を抱いた人が多数いた（2024年10月）

どうなるのか」と不安を打ち明けるLGBTQの生徒らからの相談に追われた。

民主党の政治集会は共和党の集会とは異なり、同性愛者の姿が目立ち、虹色のTシャツなどを身にまとった多様な性認識を持つ支援者が集まる。共和党にも同性愛者の人々はいる。しかし、ひとたび子供の教育が絡むと「女子トイレにトランスジェンダーが入ることは絶対に許さない」（「自由を求める母親たち」の共同創設者ティファニー・ジャスティス）と、一切の妥協はなくなる。

性をめぐる罵り合いは醜悪さを増している。「非モテ男の悪質なたわごと。不快で人を軽んじる信じがたい性差別主義だ」。トランスジェンダーの20歳女性は、実父でトランプの盟友となった起業家イーロン・マスクをこう糾弾した。

私の不勉強にすぎないが、「Incel」という言葉を初めて知った。「involuntary celibate」からの造語で、直訳すれば不本意ながら独身主義でいること。女性蔑視を繰り返す男性を指す言葉として使われ、私は「非モテ男」と訳した。

世界的な人気歌手テイラー・スウィフトに対し、マスクが「私が子供を授けるよ」とX（旧ツイッター）に書き込んだことに対する痛烈な批判だった。その直前、スウィフトは「子なしの猫好き女（childless cat ladies）」と名乗り、出産経験をあがめる保守派をあてこすりながら、民主党のハリスを支持すると表明していた。

もともとはトランプ政権副大統領J・D・バンスが過去にハリスら出産経験のない女性を「この国に直接の利害関係を持っていない」「子供のいない猫好き女」と呼んだことが始まりだ。発言にどんな意図があろうと、この言葉を聞いて傷つき、不快に思う人がいないと思うのなら、人間性に大きな欠落があるとしか思えない。

「男女の戦い」を制し、マスクを筆頭として、少人数の超富豪のリバタリアン（自由至上主義者）の男たちが権力の中枢を握るトランプ新政権が発足した。その構図は「兄弟」と「寡頭制」からの造語で「Broligarchy」とも呼ばれる。

性別という大断層は譲歩や妥協で合意を探る政治の働く余地をますます奪い、アメリカ社会の分断をより一層深くしている。

あなたが「トランプ主義者」に会ったことがない理由

「本当にトランプを支持している人っているの？　会ったことがない」「周囲にも共和党員はいるけど、トランプを支持している人はいない」――。アメリカ赴任中、日本人の友人や読者からこんな声を聞いた。1度や2度ではなかった。

不思議ではないだろう。企業の駐在員としてアメリカに赴く日本人の多くは、ニューヨークやロサンゼルス、サンフランシスコといった東海岸、西海岸の大都市に住む。もちろん日本企業は南部や内陸部にも進出しているが、生産拠点は現地化が進んでいるだけに、日本人の赴任先としては東西沿岸部の都市が多くなる。

大都市は民主党支持の「青い地域」だ。大統領選の結果で州ごとに色分けすれば、東西の海岸地帯は青、内陸は赤にはっきり分かれる。学生時代に内陸部のアメリカ人家庭にホームステイしたといった経験でもなければ、ごく普通のトランプ支持者に出会うことは少ないだろう。

都市部から車を30分も走らせて郊外に出れば、共和党支持者の多い「赤い地域」に足を

トランプ暗殺未遂の地、ペンシルベニア州のバトラーは
支持者の「聖地」となった（2024年9月）

踏み入れることになる。「トランプ支持者を見たことがない」という日本人には「アメリカ出張に来るなら、ぜひトランプ集会を見に行ってください。朝から一般支持者と一緒に並べば日本人でも入れますから」と勧めてきた。

人工中絶、銃規制、性認識、宗教、科学、教育。アメリカではありとあらゆる話題が「政治化」してしまった感がある。党派によって社会が分断され、妥協や譲歩を許さない空気がアメリカ人の生活を支配している。

いさかいを避けて暮らそうと思えば、政治に関心を示さないようにするか、同じ意見の人とだけ付き合い、異なる意見を遮断する「バブル」の中で生きていくようになる。日本人だけでなく、アメリカ人でさえ「トランプ支持者とは話したことがない」という民主党支持者は珍しくない。

首都ワシントンは民主党支持の「真っ青な街」だ。この街で出会った陸軍将校の30代男性は、保守主義の思想家としても知られる詩人の名前と同じく「T．S．」と名乗る。彼は安全保障政策を含めて共和党を支持しているが、「この街にいる共和党員はみんな顔見知りだと言えるくらい、小さいコミュニティーだ」と笑った。

インターネットの検索履歴やクリック履歴などの情報をもとに、利用者の好みや思想に合わせた情報が表示され、自分が見たい情報しか見えなくなることを「フィルターバブル現象」という。オンラインの世界だけでなく、普段の生活そのものが「バブル」によって覆われているのがいまのアメリカの日常だ。

党派によって真っ二つに分かれたパラレルワールドが生まれ、大げさではなく、1つの国の中に2つの国があるような状態に陥っている。実際に銃火を交えないにしても、この「2つの国」は交わることがなく、「冷たい内戦」と呼ばれる緊張状態が続いている。

南部テネシー州でそれぞれ知事を務めた民主党のフィル・ブレデセンと共和党のビル・ハスラムは2022年9月、党派を超えて国民的課題を話し合うポッドキャスト番組を始めた。その名も「You Might Be Right（あなたが正しいかも）」。駐日大使や同州選出の上院議員を

ペンシルベニア州ピッツバーグでのトランプ支持者の集会(2022年11月)

歴任した故ハワード・ベーカーの言葉にちなんだ。

2人に直接、話を聞く機会があった。発言の一部を引きたい。

ハスラム「いまは少数の非常に大きな声が議論を支配している。SNSで極端な意見の人々の激しい怒鳴り合いを見て、普通の人は嫌気がさして『部屋』から出る。議論の『場』を設け、独り言をつぶやくのではなく、人々が賛否に耳を傾けることができるようにしたい。世界の変化の速度に不安を感じる人たちは、『世界はこうだ』と断言する人に弱い。我々は多くの課題について単純明快な答えを求めがちだが、そうした答えはおそらく間違っているのだ」

ブレデセン「人々を分断して権力を得る

機会があると思えば、その裂け目に飛び込む政治家はどの政党にも必ずいる。たまたま存在感があり、億万長者である人物がその裂け目に見事に飛び込んだ。アメリカは以前から深い分裂を抱えてきた。大統領がそれを取り上げるか、外部に脅威が生じて人々が共通の利益を見いだすようになるまで、私たちはこのままお茶を濁すことになるのかもしれない」

連邦議会下院で超党派の中国特別委員会を委員長として率い、共和党下院議員のホープとして嘱望されたマイク・ギャラガーは2024年4月に議員を辞し、民間企業に移った。議会でのお別れ演説でギャラガーはこう言った。

「ツイートを減らして、もっと飲みに行こう。SNSで追う前に、あなたの同僚のリアルな日常を知ろう」。ほんの少し前までは党派に関係なく、議員がビールを片手に議論を交わすことが当たり前だった。そんな機会はめっきり減った。

MAGAワールドの「通過儀礼」

では、トランプ支持者、「MAGA」の集会はどんな雰囲気なのか。

やたら目に付く星条旗、国歌の斉唱、神への祈り、トランプグッズの販売……。もう一つ、私がよくある「通過儀礼」と感じるのは、集まる支持者たちの人懐こさと一体となった「人定質問」だ。

「どこから来た？　名前からすると日本人か？　日本人がなんでアメリカの保守派に興味があるんだ？」。同じような質問を共和党やトランプの集会で何度受けたか分からない。入場を待つ間の行列や会場内で近くに居合わせた支持者に「誰何《すいか》」されることが本当に多いのだ。

なぜか。アメリカ人は見知らぬ人にもよくしゃべりかけるということもあるが、典型的なアジア系の男が保守派の集会に居合わせると、とにかく目立つことが大きいと思う。トランプは郊外の小さな町で集会を開くことも多く、そうなると完全に「白人の世界」に入り込む。そこでの「アウェー感」は半端ない。一般支持者に混ざって会場に入ることが多かったため、おのずと「おまえは誰だ」となる。

南部フロリダ州オーランドで会ったウィルも「誰何」してきた一人だ。2022年2月、ロシアによるウクライナ侵攻から2日後、私は保守派の大規模集会「保守政治活動会議（CPAC）」の取材に訪れた。

共和党の幹部や議員だけでなく、極右グループの面々までが一堂に会し、「MAGA」ワールドを垣間見ることができるイベントだ。「日本の保守の代表」として、ある宗教団体の関係者が参加していた。登壇したトランプは「自分が大統領なら、こんなこと（ロシアによる侵略）は起きなかった」といまも繰り返す持論を述べた。

「よう、調子はどうだ？」。会場への入り口を探す私に、ウィルは突然話しかけてきた。日本人の記者だと明かすと、アーカンソー州から来た自営業者だと自己紹介した。「念のために教えるが、あのおそろいの帽子をかぶったやつらには近づくな。人種差別主義者だからな」と若い白人男性のグループを顎で指し示した。

ウィルとはその後も定期的に連絡を取り合うようになった。トランプを支持しながらもその周辺で巻き起こる「政治的な罵り合いは子供に見せられない」と語っていた。

一方で、高インフレに怒りを抱き、民主党が現職大統領のバイデンの代わりにハリスを大統領候補に立てたときは「演説を読み上げるだけの中身のない偽物」と切って捨てた。選挙後は「人々は弱く見えることにうんざりしている」とトランプ勝利の理由を分析してみせた。

ウィルと知り合ったオーランドでのＣＰＡＣには、後に副大統領になるＪ・Ｄ・バンスも登壇した。まだ上院議員になる前で、白人労働者の窮状を描いた『ヒルビリー・エレジー』の著者として舞台に上がり、ウクライナよりもメキシコ国境を守れと主張していた。

海外の保守政治家のホープとして紹介されたのは、イタリア首相になる前のジョルジャ・メローニだった。最初は「こいつは誰だ」という雰囲気だった聴衆も、メローニが英語で演説し、「自由のために戦う」とあおると、「クールな女だな」などと言い合いながら拍手喝采していた。

後にメローニは「主要7カ国（G7）のトランプ係」といわれるほど、トランプやトランプの盟友イーロン・マスクとの距離を縮めていく。

オーランドの会合からおよそ1年後の2023年3月、今度はワシントン郊外で開いたCPACで、トランプは自身が復権する意義を明確に定義してみせた。

「不当に扱われ、裏切られた人々のための報復者となる。私はあなたの報復者だ」

世界最強国の指導者をめざす人物が「報復」を誓う異様さは、トランプの人格と切り離すことはできない。報われていないと感じる人々の無念に自身の怨念を重ね、社会の分断に乗じて支持層を囲い込む。それがMAGA運動の核心だといえる。

4年間のアメリカ駐在中に何度も足を運ぶことになるトランプ集会を初めて取材したのは、2021年9月のことだった。南部ジョージア州ペリーという、アトランタから車で2時間ほどの郊外の町で開かれたときだ。

屋外会場は夏の盆踊り会場のような雰囲気だった。南部での集会であることを意識し、テレビカメラに映る演台のすぐ後ろには黒人の支持者を集めた席がしつらえてある。しか

ジョージア州でのトランプ支持者の集会（2021年9月）

し、それはテレビ向け。会場を埋める聴衆のほとんどは白人だった。

家族連れや若者のグループも多い。週末のピクニックがてら集まった感じで思い思いに過ごし、夜7時すぎのトランプの登場を待った。たばこを吸う人もやたらと目立つ。背中に「真の男はリベラルにならない」と書かれたタンクトップシャツを来た若い男性の姿が印象的だった。

「トランプが完璧じゃないのは知っている。でもワシントンの政治家とは違う。それだけで私は彼を信じる」。会場にいた建築業の50代男性、ミーシャはこう話した。看護師のビッキーは「『法と正義』のためにトランプを支持する」と語った。その友人で長く民主党を支持してきたというワニータは

MAGA集会には、親子連れも参加していた(2022年11月、ピッツバーグ郊外)

「いまの民主党は左傾化しすぎている。クレージーだ」と述べていた。

ペンシルベニア州のピッツバーグ郊外で開かれた別のMAGA集会に参加した際は若者のグループとあれこれおしゃべりした。物価高が厳しいとか、トランプの振る舞いにいろいろ問題があるのは分かっているけど彼はビジネスマンだから評価するとか、そんな話だ。

現場で知り合うMAGAの人々は気のいい人たちが多いし、「日本の保守はどんな感じなんだ?」といった話題で盛り上がることもある。ただ、それまで礼儀正しく私と話していた若い女性が、トランプが登壇したとたん、「くたばれバイデン!」などと絶叫し始めるのを見て、「本当に同じ人物なのか」と思うこともあった。

民主党を支持するリベラルな人々にとって、「ＭＡＧＡ」は話すことも知り合うこともない別世界の人々だろう。しかし、いずれも普通のアメリカ人として市井に暮らしていることに変わりはない。どちらもまっとうに生きてきたのは自分たちだと思っているからこそ、分断を超えて分かり合うことは簡単ではない。

敵、それは凝固剤

「ＭＡＧＡ」の世界をもう少し紹介したい。

２０２３年夏、私はアイオワ州デモインにいた。翌年1月に氷点下20度の極寒の中で取材した共和党大統領選予備選の初戦に当たる党員集会を含めて、この中西部にある人口20万人程度の地方都市に計5回ほど取材に訪れた。民主党が選挙戦略上、アイオワを軽視していたため、この地での取材対象はほぼ共和党支持層だった。

この夏の取材は共和党内の大統領候補指名に向けた空気を探るため、この地で催された「リンカーン・ディナー」というイベントを取材するのが目的だった。

♪ある子供は名声と富を夢見る／ある子供は家賃を払うのを手伝う／刑務所に入ること

になるかもしれない／あるいは大統領になれるかもしれない……。

イベントのテーマソングにカントリーミュージック『Only in America』を選んだ人はかなりしゃれが利いていた。前の日に機密文書のずさんな扱いでトランプは追起訴されたばかりだったからだ。

トランプが舞台に上がる際、他の候補者の登場時には目立たなかったこの歌詞の部分をわざわざ選んで会場に流していた。

いまでは遠い記憶になりつつあるが、この直後には2020年大統領選の敗北結果を覆そうと2021年1月6日の連邦議会占拠事件を扇動した容疑でもトランプは起訴された。合計で4件、計91の罪状で起訴され、2024年5月末には不倫の口止め料を不正に処理した罪に問われた裁判で、有罪の評決が下った。刑事裁判で大統領経験者が有罪となったのは初めてだった。

もっとも、刑事訴追がトランプの支持層に動揺を広げたことはなかった。逆に、起訴されるたびに支持者は「政治的な魔女狩りだ」と反発し、かえって結束を強めた。支持率もそのたびに上がった。

デモインのイベント会場でも、刑事裁判について誰も気にとめる様子はなかった。トランプの罪を問う「異常」がいつしか常態となり、胸に「トランプ」のステッカーを貼った60

ウェストバージニアの山村にもトランプの旗が（2021年12月）

代の夫婦は「民主党の選挙妨害だ。起訴なんて誰も気にしない」と意気盛んだった。実際に、この日登壇した共和党内の大統領候補をめざす13人のうち、1200人超の聴衆を最も沸かせたのはトランプだった。

共和党内の支持を集めようと思えば、「最強」のトランプを基準に「いかに自分がより保守か、より右か」を競うほかない。唯一、元下院議員のウィル・ハードは「トランプはアメリカを再び偉大にするために大統領選に立候補したんじゃない。トランプは刑務所に入らないで済むように大統領選に出馬している」と明確なトランプ批判を展開したものの、聴衆から強烈なブーイングと食器をかき鳴らす騒音、「帰れ」コールを浴び、持ち時間を1分余り残したまま舞台を下りるほかなかった。

飲食を伴う長丁場のイベントのため、聴衆は興味のない候補者の出番になると「いまのうちにトイレへ」となる。なんとも非情な光景だ。「反トランプ」の候補だった第1期政権の副大統領マイク・ペンスも聴衆が席を立つのを防げなかった。

民主党はもちろん、共和党の中にもトランプの敵はいる。だが、敵の姿がはっきりし、その攻撃を受ければ受けるほど、トランプの支持者は固く結束するのだ。

一人が創る多数意見

アメリカの保守的な地域はどこかと聞かれて、どのあたりを思い浮かべるだろうか。その一つの代表例は「南部」だろう。では、アメリカの「南部」はどこから始まるか。実は、首都ワシントンと、ワシントンに隣接して都市生活圏をつくっているバージニア州、メリーランド州は、アメリカを地域で分けたときに「南部」に入る。

ワシントンの中心部からでも車を30分も運転すれば景色がガラッと変わる。なだらかな起伏の道が続くようになり、周りはピックアップトラックだらけになる。路上でシカを見かけるようになり、党派を問わず猟を趣味にする人も多い。

バージニア州で2つの銃砲店を経営する白人の夫妻と知り合った。共和党議員を支援する人々の内輪の集まりだった。

この夫妻が最も重視するのは武器保有の自由を認めた憲法修正第2条を守ること。そして、その主張の背景には不法移民の急増に対する怒りがあった。

といっても、彼らが狂信的というわけではない。むしろ現実的な見立ての上に立ち、家業の行方を考えている。社会が党派に分断され、与野党の拮抗状態が続く議会では厳しい銃規制を課す法改正は困難だというのが彼らの生活の大前提だ。

銃乱射事件が起きるたびに民主党を中心に規制論が起きるが、銃砲店主の男性は厳しい銃規制など絶対に進まないと踏んでいる。「民主党が規制強化を唱えるたびに駆け込みで銃を買いに来る客がいて、売り上げが増える」とニヤリと笑った。

「そもそも銃を持つ権利に保守もリベラルもない」というのが店主の意見だ。「アジア系は民主党支持というが、フィリピン系や韓国系はうちの常連客だ」と話した。

同じくバージニア州に住む退役海軍軍人の男性はこう指摘する。「昔は異なる立場、違う観点でもお互いに話を聞き、議論することができた。いまは無理だ。民主党は考えの異なる人の話を聞かない。狭い範囲の彼らに合う意見しか聞かない」

民主党を支持するリベラル派からすれば「いくらまともな話をしても、MAGAは耳を貸さない。あの男（トランプのこと）の名前は口にするのも嫌」（南部ジョージア州でカフェを経営する黒人女性）となる。2つの世界は交わらない。

保守派に影響力を持つアメリカ最大の銃ロビー団体「NRA（The National Rifle Association）」の元会長、デビッド・キーンはこんな話をしてくれた。「子供のころは散弾銃を学校に持っていってロッカーに入れておき、帰りにハトを撃ちに行ったものだ。学校で銃を撃つやつなどいなかった」。彼は中西部ウィスコンシン州の出身だ。

「問題は銃ではなく、それを使う人間」というのが銃規制反対派の常套句なのだが、そんなキーンですら「トランプは過去のことばかり考えている」と感じる。銃規制、人工中絶、人種、宗教、性自認。本来は党派で単純に割り切れるはずのない文化や歴史、死生観に関する争点をあえて党派で二分し、政治問題化したがゆえにかえって議論が膠着し、政治による問題解決の道が遠のいている。

ワシントンの名門私立大学に通う若者は「大学の友人とは政治の話はしない」という。「必ず誰かとぶつかるし、ぶつかったら折り合えないから不毛すぎる」と話す。あらゆる話題について「政治的な正しさ」が求められるなかで、人々は無用なあつれきを恐れて口をつぐむか、政治と距離を置くか、それとも似た考えの人とだけ付き合うか、という選択を迫られている。

分断された「バブル」の中に人々が閉じこもるからこそ、「大きな声」は響きやすい。トランプは第7代（1829〜1837）の大統領、アンドリュー・ジャクソンを敬愛している。ホワイトハウスに返り咲くと、第1期に続いてジャクソンの肖像画を再び執務室「オーバル・オフィス」に飾った。

ジャクソンは建国時の独立13州以外から初めて選出された大統領で庶民の味方として人気を誇った半面、その強権ぶりや先住民の強制移住で物議を醸した。そんな異端児の言葉をトランプは愛す。「多数意見は勇気ある一人が創る」

アメリカ人の種類

アメリカ社会の分断が生んだ異端児はトランプだけではない。保守派、共和党にだけ異端児が生まれるというわけでもない。党派間の断層は、その特殊な政治環境を利用し、自らの価値を高める異端の政治家を生む。

ホワイトハウスから南東に3キロメートルほど離れたポトマック川の川面に浮かぶ白い高級ヨットは「もう一つのホワイトハウス」と呼ばれた。その名も「まるで天国（Almost Heaven）」。2025年1月にウェストバージニア州選出の上院議員を引退したジョー・マ

ポトマック川に浮かぶ「Almost Heaven」(2021年12月)

ンチンの首都での住まいだった。故郷を歌ったジョン・デンバーの名曲『カントリーロード』の歌詞にちなんだ。

もともと民主党の議員だったが、退任前に無所属に転じた。重要法案の命運を握る政治力からワシントンでは「もう一人の大統領」と呼ばれた。民主、共和両党の勢力が拮抗する議会情勢が生んだ陰の権力者だった。

法案を通すためには1人の造反も許されない議会情勢を利用した。キャスティングボートを握ったわけだ。マンチンは常に造反の可能性をちらつかせ、重要法案の「拒否権」を確保し続けることで政局の中心に居続けた。

エネルギー業界から受け取る献金額は上

院議員の中でトップ級を誇った。２０２１年末には気候変動対策などに財政支出を拡大するバイデン政権肝煎りの法案に「ノー」を突きつけ、政権は大騒ぎとなった。

同州の建設請負業者らの団体トップで、マンチンと40年近く付き合うマイク・クローサーに話を聞きに行くと、マンチンの評価をこう語った。「民主党も共和党も関係ない。ジョーは地元のために働いてきた」

ウェストバージニアといわれても、日本の読者はなかなかピンとこないかもしれない。首都ワシントンに隣接するバージニア州の西隣にあり、ワシントンに通勤する住人もいる。アパラチア山脈に抱かれ、美しい自然に恵まれた土地だ。冬はスキーなどを楽しむ観光客が数多く訪れる。しかし、時代の急激な変化に取り残された地域の一つであることは疑いようがない。

たとえば、白人が9割を占める州の人口は、この半世紀の間、ほとんど変化していない。住民の高齢化がじわじわと進み、世帯収入の中央値は全国水準より2割低い。かつては主要産業の石炭によって栄えたものの、アメリカの電源に占める石炭の割合は過去10年余りで5割から2割に落ち、地域はゆっくりと衰退している。

取り残された地域は保守化した。かつては白人労働者が民主党を支持する「青い州」だった。それがいつしか海水と淡水が混ざり合う汽水域のように青と赤が交わる地域に転じ、いまでは共和党が圧倒的に強い「真っ赤な州」に生まれ変わった。

目立った人口増がみられないように州外からの人口流入も限られている。このため、地域の保守化は「新しい住民による影響というよりも、もともとの住民が政治観を変えたことが原因だ」と地元弁護士のコンラッド・ルーカスは言う。

マンチンが引退すると、空いた上院議員の議席は共和党候補があっさりと獲得した。4人いる上下院議員のすべてを共和党が握り、州は完全に真っ赤に染まった。今後、マンチンのような異端の政治家はこの地から生まれないだろう。地元は「赤い」のに「青い」民主党議員として議席を守れるからこそ、政治力を発揮できる。地域内で分断がなくなれば、皮肉なことにどの政治家も似たような力しか持てない。

マンチンが地元事務所を置くフェアモントの50代の工場労働者ジョン・ハーパーは「この土地にずっと住んでいるが、昔から炭鉱以外に稼げる仕事がない。ずっと貧しいから、みんな民主党を支持するのをやめたんだ」と話した。

インフラは老朽化して道はあちこちで路面が荒れ、マンチンの生まれ故郷であるファーミントンという山あいの村の中でさえ、トランプを支持する旗を掲げる家が目立った。

豊かさから取り残された白人労働者は右傾化し、民主党を支持する沿岸部や大都市のリベラル層との分断が広がった。マンチンは地盤が「赤い州」だからこそ民主党内の反感を

老朽化が進む橋。放置されたインフラが各地に散在する
（2021年12月、ウェストバージニア）

気にせず、地元の利害のため党内の内紛を操る異端でいられた。

　同じウェストバージニアの産炭地域の中でも、大学町であるモーガンタウンはリベラルに傾く。町外れで警笛を響かせ、石炭を運ぶ貨物列車が走るなか、金融業を営む60代の民主党支持者、ラスティ・デイビスはこう話した。「マンチンは名前だけの民主党員だった。俺たちも変わらないといけない。どう変わるかまだ分からないけど」

　30歳未満の52％がアメリカの民主主義は「問題あり」または「失敗している」と考え、35％は「生きているうちに第2の南北戦争（シビル・ウォー）が起きる」とみているという。ハーバード大ケネディスクールの2021年調査で浮かぶアメリカの若者が抱く危機感だ。

「おまえはどんな種類のアメリカ人なんだ?」

2024年大統領選挙の直前に公開された近未来のアメリカの内戦を描く映画『シビル・ウォー　アメリカ最後の日』の印象的なセリフだ。正体不明の男性兵士が「我々はアメリカ人だ」と必死に訴える主人公たちに銃を突きつけ、問うひと言だ。

しばらくの間、友人のアメリカ人たちの間でこのセリフをジョークとして使うことがはやった。だが、その問いに対する定番の答えは、いまだに見つかっていない。

第2章

偽善

なぜ「エリート」は嫌われるのか

大統領として、
父親としての決断を理解してほしい

2024年12月1日
息子を恩赦したバイデン大統領の声明

私の本音の代弁者

なぜ、アメリカ人は2020年選挙で敗北したドナルド・トランプを見捨てなかったのか。なぜ、再びトランプをホワイトハウスに送り込むことを選んだのか。4年間の取材でずっと脳裏にこびりついた素朴な疑問だった。

2024年夏、中西部イリノイ州シカゴでピザを食べながら、自動車販売業を営む40代の白人男性、ジムと会話した。「アメリカ人の半分がトランプをずっと支持している背景を日本の読者に説明するのが難しい」と話すと、ジムは笑った。

「MAGAがアメリカ人の半分もいるわけがない。せいぜい3分の1だ。しかし、この3分の1は絶対にトランプを支持するし、絶対に投票に行く」

確かにそうだ。大統領選の投票率は60%台半ば、つまり3分の1は投票に行かない有権者グループだ。3分の1の岩盤支持層に浮動票を上乗せし、投票総数の過半を奪い合うのが大統領選の実態だといえる。

ちなみにジムは「投票に行かない」という。「政治家には何も期待していないし、罵り合いの政治ニュースばかり流すテレビも疲れるから見ない」

トランプ復権の結果から振り返れば、2024年選挙で民主党のハリスは有権者の3分の1の信任さえ得ることができなかったということになる。

・事実など気にせず、嘘や誇張、荒唐無稽な話を平気で言いふらす
・恫喝《どうかつ》まがいの言動で相手を弄ぶことをディール（取引）と呼ぶ
・人をおかしなあだ名やわざと間違えた名前で呼んで嘲笑する
・デカい、ピカピカ、高額に執着し、ズルしてでも「1番」と言われたい
・低俗な「ジョーク」を連発する自分に笑いのセンスがあると思っている
・自分に忠誠を尽くし、すり寄って来る「身内」だけを大事にする
・ルールを自分に都合よく解釈し、勝ったと思うまでゲームを続ける
・「人気者の自分」が好きで、注目されないと癇癪《かんしゃく》を起こす
・手柄と栄誉は自分のものにし、失敗は「自分を妬む敵」のせいにする

近所の子供の問題行動を挙げているわけではない。第45代と第47代のアメリカ大統領を務めるトランプは、要するにこんな人だ。

いまはトランプが最初に当選した2016年ではない。2017年から4年間、大統領

を務めたトランプがどんな人物なのか、アメリカ人はおろか世界中の人々が承知している。ならば、なぜ民主党はトランプに負けたのか。

「結局、共和党支持層の多くはトランプが本当に好きなんだ」。デンバー大学の政治学教授、セス・マスケットはこう語った。エール大の哲学教授のジェイソン・スタンリーは「トランプと支持者の間には愛としか呼べない特殊なつながりがある」と表現した。

南部ノースカロライナ州グリーンズボロで出会った50代女性、デボラはもっと率直だった。「多くの人がトランプを嫌いだというのが本当に悲しい。私はトランプが大好きだから。経済は良くなり、規制は減った。最高の大統領よ」

トランプ支持者が口をそろえて評価するのが「トランプはワシントンの政治家ではない」ということだ。

トランプは「保守」を名乗るものの、イデオロギーとは無縁の人物だ。実態をみれば、レーガン主義という1980年代以降のアメリカの保守本流を否定している。「レーガンの椅子の3本の脚」とされた小さな政府、力に裏付けられた介入主義、信仰と伝統に基づく文化保守をひっくり返し、共和党を乗っ取って「トランプ党」につくり替えてしまった。

「保守か否か」という左右のイデオロギーによる分断さえ押し潰してしまう――。それがアウトサイダーであるトランプの最大の強みだろう。だから支持者はトランプが「好き」なのだ。「すでに大統領経験者なのだからアウトサイダーとはいえないだろう」と思っても、「政治的な正しさ」やルール、常識にとらわれず、「普通の政治家なら口にしない本音」を語るトランプに支持者は「強さ」を見いだす。

演説を聴く一人ひとりの聴衆が「それぞれ、それぞれ、それが私の言いたかったこと。彼は私の言いたいことを代弁してくれる人」と思う。テレビ番組で高視聴率をたたき出し、プロレス興行を盛り上げたショーマンとしてのトランプの最大の才能だろう。

トランプを褒めているわけではない。その手法は希代のポピュリストというほかなく、その本質はデマゴーグでしかない。世界や社会を「内」と「外」に分けて語り、「内」である自分たちの立場や役割、暮らし、考え方が「外」からの脅威にさらされていると人々を扇動する。そして、その脅威に打ち勝てる救世主は自分だけだと吹聴する。こうした話法は、歴史上のファシストの手法にも通じる。

取り残され、顧みられていないという思いを抱く有権者の目には、ワシントンという腐った沼地（swamp）に生息する政治家と主流（メインストリーム）のエリートは互いに分け前を譲り合い、都合の悪いことは隠し、一般の庶民のことなど何も考えていない既得権益層に見える。きれい事を言うだけで問題を解決せず、仲間内で妥協と譲歩を繰り返す「弱々しい」エリートたちというわけだ。

そんな世界観の中にトランプ支持者は生きている。だからこそ「嘘をついているにもかかわらず、トランプのほうが本物のように見えてしまう」(エール大のスタンリー)。そんな矛盾した現象が定着した。

実際のトランプ政治をながめると、「エリートに対する労働者層の反乱」という姿からは遠いことが分かる。選挙戦こそ「無名の人々」の怒りや不満を巧みにすくいあげて政治力に変えたが、権力を握った後はそうした色彩は後景へと退いていく。

そもそも大統領、副大統領、大統領の無二の盟友はみな名門私立大学群「アイビーリーグ」出身で、それぞれ不動産デベロッパー、元ベンチャーキャピタリスト、世界一の富豪の起業家だ。率直に言えば、「エリートへの労働者層の反乱」というよりも、ガリ勉をバカにする生徒がお高く気取った生徒をいじめるような、名門私立高校の中での「ガキどものけんか」といった印象を受けることも多い。

それでもトランプによる「エリートへの反乱」という政治的演出が歴史的な勝利を収めた事実は動かせない。トランプの話法が人々をこれほどまでにひき付ける磁力を帯びるのはなぜなのか。多くのアメリカ人に偽物だと思われてしまう「主流」や「メインストリーム」「エリート」の問題とは、いったい何なのだろうか。

居場所はいつも端っこ

アラブ系アメリカ人のイスラム教徒、アブドラ・ハムードはこう語った。

「民主党は『大きな傘』『大きなテント』の政党で、僕らはずっとその一員だった。でも、僕らはずっとテントの端っこにいた。雨が降ると、真っ先に水しぶきがかかるんだ」

ハムードはミシガン州ディアボーンの市長だ。彼がポッドキャストで話したこの言葉が記憶に残った。

第1章で触れたように、全国有数のアラブ系住民が集住するディアボーンでは2024年大統領選で民主党への批判が噴出し、ハリスは「青の牙城」でトランプに勝つことができなかった。

「大きなテント」「大きな傘」という表現は、民主党が多種多様なアイデンティティーを持つ人々を包み込み、支持層の連合をつくることを示す言葉だ。白人保守層が中心の共和党に対抗し、懐の深さを表す概念であることは言うまでもない。

テントが大きければ大きいほど、その下にいるはずなのに「真っ先に水しぶきがかかる」というハムードの言葉には、長く報われることがなかった無念がにじむ。

ガザへの攻撃に対する抗議デモに参加する子供（2023年11月、ワシントン）

見過ごされていた無念は、大統領選に向けて新たなうねりとなって現れた。

大統領選を1年後に控えた2023年11月4日、土曜日の首都ワシントンの中心部を異様な熱気が覆っていた。

イスラム組織ハマスが実効支配するパレスチナ自治区ガザへのイスラエル軍の攻撃を即時停止するよう求める大規模デモが催されていたからだ。1万人規模の人々が詰めかけ、警備する警察の緊張感も高まった。

ホワイトハウスの東側にある広場「フリーダムプラザ」を群衆が埋め尽くし、「パレスチナに自由を」「即時停戦を」と訴えた。同時に目立ったのは「停戦なくして投票なし」という、イスラエルを支援する大統領ジョー・バイデンへの批判の声だ。

抗議デモでは多くの人々が反戦を訴えた（2023年11月、ワシントン）

群衆は「大虐殺ジョー」「くたばれバイデン」などと叫んだ。アラブ系住民だけでなく、ユダヤ系の左派グループも詰めかけ、即時停戦を訴えた。集会に参加した大学生の女性は「ガザの住民の半分は子供だ。虐殺は許されない」と話した。

この年の10月7日のハマスの奇襲でおよそ１４００人が虐殺された直後、バイデンはイスラエルへの揺るぎない支援を表明した。帝政ロシアやナチスドイツでの迫害を逃れてアメリカに移り住んだユダヤ系住民の影響力は強く、バイデンは同18日には戦時下にあるイスラエルを訪問した。

ところがイスラエルの反撃が始まり、猛烈な空爆、電気や水の供給停止、病院の破壊といった悲劇が広がると、アメリカ国内でも「過剰防衛批判」が台頭した。ワシントン市内のイスラエル大使館の周りにも抗議する人々が集まり、歩道を占拠した。

ワシントンの街中で、イスラエルの攻撃継続に反対するユダヤ教指導者(ラビ)を中心とする「ユダヤ人」のデモにも出くわしたことがある。「私たちユダヤ人の名においてパレスチナ人を殺害することを拒否する」と訴えていた。

各地の大学にも抗議運動が広がっていた。その発火点となり、抗議する学生らが建物や構内を占拠したニューヨークの名門コロンビア大学を2024年4月末に訪れると、警備当局が構内への出入りを厳重にチェックしていた。

それでも「ケフィエ」と呼ばれるパレスチナ伝統のスカーフ姿の若者がバリケードなどに使う段ボールを運び込んでいた。1968年のベトナム戦争に反対する抗議活動の拠点だったことで知られるハミルトン・ホールはデモ隊が占拠し、窓から「パレスチナに自由を」という垂れ幕が掲げられていた。その日の深夜、ニューヨーク市警の警官隊がキャンパス内に突入し、学生らの身柄を拘束した。

すでに「大きなテント」は綻び、穴が開いていたのかもしれない。

民主党は「非白人」や「若者」は今後、リベラルで進歩的な志向を強めるので、将来にわたって民主党を支える主要な支持基盤になるとみなしてきた。

たとえば、アメリカ中の党組織、ヒト、カネ、広報、戦術を統率する民主党全国委員会（DNC）のメンバーであるエレイン・カマルクは2022年夏に私にこう話した。

「トランプを支持しているのは年配の有権者。民主党を支えているのは若者たちだ。非常に保守的なテキサス州もヒスパニック系や若い人の人口が増え続け、『赤い州』から『紫の州』へ、そして『青い州』へと変わるだろう」

人口動態の変化を考えれば民主党有利の時代が続く、と自信を持っていた。しかし、その予測は外れた。若者やヒスパニック系から反乱の火の手が上がった。テキサス州も2020年大統領選ではトランプとバイデンの得票差は5・6ポイントだったが、2024選挙のトランプとハリスの得票差は14ポイント弱に広がった。「赤い州」は「真っ赤な州」になった。

抗議運動が広がった当初から、学生らの「親世代」に当たる中高年層には「夏休みに入れば抗議デモの熱は冷める」（50代女性の民主党支持者）との声が多かった。確かに厳しい大学側の規制もあって、秋の新学期からは大学を舞台とする派手な抗議活動は下火になった。ならば、「テントの端っこでいつも真っ先に水しぶきがかかる」という報われない感覚は一過性、限定的なものなのだろうか。

そうではないだろう。首都ワシントンの地下鉄駅に下りるために長いエスカレーターを使うと、ハンドレールの内側板に「パレスチナに自由を」と書かれたステッカーが貼ってあるのを頻繁に見かけるようになった。不満は深く沈殿している。

「一過性ではない」ことを理解するために、東部ペンシルベニア州フィラデルフィアで2024年10月に知り合った黒人女性、ニコールの言葉を借りたい。

当然視が人を傷つける

ニコールが最大の激戦州、ペンシルベニア州で取り組んでいたのは、黒人男性に有権者登録を呼びかける活動だ。誰に投票しても構わないので、とにかく大統領選挙に1票を投じようと訴えていた。ちょうど、事前の世論調査で黒人支持層の「熱意の乏しさ」が明らかになり、民主党陣営が半ばパニック状態に陥ったときだった。

「私は普段から黒人男性のメンタルヘルスの改善に取り組む仕事に携わっている。そこで多くの黒人男性が漏らすのは、『自分たちの投票は意味がない』という気持ち。そして『誰に投票したらいいのか分からない』と投げやりになっている」

黒人男性に有権者登録を呼びかける（2024年10月、フィラデルフィア）

――なぜですか。半世紀前の公民権運動以来、黒人有権者は民主党を支えてきたのに、黒人女性の大統領候補を得たいま、なぜ無力感を感じるのでしょう。

「誰もが『黒人有権者は特定の政党に投票する』と考えていること自体がこれまで黒人を傷つけてきた。なぜなら、放っておいてもいつも同じ政党に投票し続けるなら、民主党であれ、もう一方の共和党であれ、黒人有権者がいま、本当に何を欲しているかなんて、誰も気にかけなくなるでしょ？」

――トランプが外国人嫌悪や人種差別と受け取れるような発言をしても、黒人有権者は迷うのですか。

「彼らの心情は複雑だ。あからさまに『おまえを殴るぞ』と言われたり、明白に人種差別されたりすれば、反撃の準備を整え、戦うことができる。それは非常にシンプルだ。しかし、表向きは『あなたのことが好き』と言っているのに、実際はそうでなかったら、どうだろう。私たちの友人であるかのように装いながら、その人たちの政策が私たちの最善の利益に沿っていなかったら、どうだろう。結局、黒人男性のように『既存の政治家は私たちのことを考えていない』と思うようになる」

……ずっと一生懸命支えてきたのに、党のエリートは支持を当然視するようになり、気候変動への対応や性的少数派の権利擁護といった俺たちの日々の生活とは縁遠い争点にばかり力を入れるようになった……。

……理屈ではそれが「正しいこと」と理解はしても、いつも後回しにされている俺たちの気持ちはどこにぶつければいいのか……。

……選挙のたびに期待される自分の1票が俺たちのために生かされた気がしない……。

そんな無力感が黒人男性らを襲い、民主党に対する「支持疲れ」をあぶり出していた。

別の言葉も借りたい。黒人人口が全体の33%を超える南部ジョージア州に住む空軍退役軍人の60代黒人男性、ゴードンだ。

「黒人が民主党に投票してきたのは単に家族の伝統だったということが大きい。経済や教育など大事なことに関して、彼らは実際に私たちのために何をしてくれたというのだろうか。いまは変化が必要なのではないか」

彼らがもやもやと感じていたエリート層の「偽善」をはっきりと目に見える形にしてしまったのが、2020年からの新型コロナウイルスのパンデミック（世界的な大流行）だった。

在宅勤務が広がり、経済的余裕のある人々は家に籠もった。一方で、医療従事者や宅配業といったエッセンシャルワーカーは社会を支えるために現場に残った。飲食などサービス業の低賃金労働者はあっさり職を失った。

コロナ禍が終息に向かい、初めて南部フロリダ州に取材に出かけたとき、ウーバー運転手のヒスパニック系男性が陽気に話した。「なぜこの州で共和党がこれほど強いか分かるか。経済だ。共和党知事がコロナ禍でも行動制限せず、経済活動を優先した。州外からの移住者も増え、好景気に沸いている」。そしてこう続けた。「命は大事だが、家に籠もっていても給料がもらえるヤツらと俺たちは違う」

「報われない」という思いのほかにもう一つ、「いいかげんにしろ」という怒りも人々の「反エリート感情」の炎に油を注ぐ。

南部ノースカロライナ州の元公務員の60代白人男性、デイブは「民主党政権は『専制的』な政府をつくろうとしている」と吐き捨てた。専制的？　多様性、公平性、包摂性（英語の頭文字からＤＥＩ）が売り物のリベラルな政党が「専制的」とは、どういうことなのだろう。この疑問に答える光景の一つを、ノースカロライナから１０００キロメートル近く離れた北東部沿岸の地で見つけた。

さよならコロンブス

北東部コネティカット州ニューヘイブン。２０２４年秋、近隣の住民が犬の散歩を楽しむある公園を通りかかると、石造りの台座を見つけた。奇妙なのは台座の上には何もなく、その横に４人家族をモチーフにした真新しい像があることだ。

19世紀の南北戦争時の南軍司令官リー将軍の銅像を撤去したり、学校の名前から削除したりする動きはワシントン周辺のバージニア州で見聞きしていた。だが、英国から最初に独立した13州の一つで北部自由州のコネティカット州に、そもそも南軍将軍の銅像があるとは考えにくい。

不思議に思っていると、住民が教えてくれた。「もともとあの台座の上にはクリストファー・コロンブスの像があったんだ。4年前に撤去され、最近になってアメリカに到着したばかりの移民の家族の像が置かれた」。

意外だったのは公園の周辺がリトルイタリーと呼ばれるイタリア系住民の多いコミュニティーだったことだ。ニューヘイブン名物のアサリを具にした「ホワイト・クラム・ピザ」を食べさせる店も簡単に見つかる。コロンブスは定説ではイタリアのジェノバ出身だ。

1492年にアメリカを「発見」したコロンブスはいま、微妙な立場にある。欧州の探検家がアメリカ先住民を奴隷にしたり、殺害したりした行為への批判がアメリカで巻き起こったからだ。ニューヘイブンのコロンブス像は120年以上にわたってこの公園に立っていたが、地元高校生の撤去運動がきっかけで撤去に至った。

コロンブスのバハマ諸島到着にちなんだ祝日「コロンブスデー」(10月第2月曜日)を「先住民の日」に置き換える運動も全国で広がっている。バイデン前大統領はこの日を「コロンブスデー」でもあり「先住民の日」でもあると二重に認定してきた。廃仏毀釈じゃあるまいし、コロンブスの銅像は本当に破却しなければならなかったのだろうか。移民家族の像と並べて置いても問題はないように思う。

もちろん、人権や自由は守り抜かなければならない。自分たちと異なる存在や民族、文化、歴史を単に「異質だから」という理由で踏みにじり、軽んじていいわけがない。一方で、歴史上の人々の行いを現代の価値観だけでひたすら断罪するのも、「神ならぬ身」である人としての謙虚さを欠くと感じる。「人はなぜ愚行を繰り返すのか」という歴史からの教訓をくみ取る機会を自ら手放すだけではないか。

文化や歴史をめぐる闘争は政治的な妥協が難しく、社会の分断を深める。

2022年7月初め、私はトランプを支持するアメリカ人一家に招かれ、バージニア州北部のポトマック川沿いにある「トランプ・ナショナル・ゴルフ・クラブ」にいた。独立記念日を祝って打ち上げる花火を一緒に見ようと誘われた。

打ち上げ花火を堪能し、生バンドが『アメリカン・パイ』を演奏してパーティーがお開きになるまで4時間ほど一緒に過ごした。その間、弁護士資格を持つこの一家の母親が6人の子供全員を学校に通わせず、家で勉強を教える「ホームスクール」で育てたという話を聞いた。「左傾化する公教育への不信」が理由だ。

それでも年長の子たちはアメリカ屈指の名門大学に進んだ。アメリカでホームスクールを選ぶ家庭は多い。政治分断がアメリカ人の生活全般におよぶ一例だ。

アメリカの現代史は「文化闘争」の歩みでもある。

1960年代以降、公民権運動を受けて人種や先住民、女性に対する差別などに「ノー」と声を上げる人々が増えた。同時に進行したのが政治の地殻変動、政党支持層の再編だ。

人種差別を禁じる1964年公民権法、1965年投票権法の成立を受けて保守的な南部の白人は共和党支持に移った。その一方、黒人の大半は民主党員になり、中南米やアジアからの新たな移民の大半もその列に加わった。

逆にキリスト教福音派は共和党支持に結集した。こうした政治再編に伴い、差別の克服に逆行する言論をNGとする「政治的正しさ（ポリティカル・コレクトネス）」が当然視されていった。

とはいえ、この「ポリコレ」は「言葉狩り」と批判されたり、煙たがられたりすることが多い。「分かってもらえない」と思うと、行動は過激になりがちだ。なかなか変わらない社会に業を煮やすように、急進的な抗議活動が台頭した。差別的な表現を使ってしまった発言者や企業に対して不買運動や集中的な批判を展開したり、表舞台から引きずり下ろしたりする「キャンセルカルチャー」だ。

さらに社会問題に目覚めたという意味の「ウオーク（WOKE）」を旗印に、プログレッシブと呼ばれる急進左派は人々や企業の言動を縛る傾向を強めた。

こうした「文化闘争」の動きは、2016年大統領選で民主党のヒラリー・クリントンが共和党のトランプに敗れ、女性初の大統領誕生の夢が散ったことで、激しい揺り戻しと先鋭化の波に直面したように見える。

ヒラリー・クリントンは「女性」を前面に出して戦った。女性、非白人、ＬＧＢＴＱコミュニティー、そのほか社会の中で疎外されたグループの「アイデンティティー政治」に傾斜した選挙戦だったといってもいい。

その前の民主党大統領、バラク・オバマが黒人初のアメリカ大統領でありながら、経済、外交ともに政策は中道だったことの反作用でもあった。ちょうど直面した金融危機への対応などをみて、「弱者を顧みない政治」に不満を抱いた人々が「ウォール街を占拠せよ」といった草の根の急進左派運動へとのめり込んでいく。

ところが、白人男性の推すトランプにヒラリー・クリントンが負けたことで、民主党内の路線修正論が再び起きる。行きすぎた「アイデンティティー政治」への反省だ。その一方で、女性や非白人、性や人種、文化をめぐる「少数派グループからの支援を十分に引き出せなかった」と考える人々も少なからずいた。

トランプという「悪魔」の存在が民主党内の左派をさらに過激にさせる。民主党内の力学を考えれば、勢力を拡大する急進左派の草の根パワーは無視できない。

格差対策をとにかく重視するバーニー・サンダース（上院議員、バーモント州）、アイデンティティー政治を推し進める若手左派の旗手アレクサンドリア・オカシオコルテス（下院議員、ニューヨーク州）、徹底した消費者保護をめざすエリザベス・ウォーレン（上院議員、マサ

人工中絶の賛否をめぐって罵り合う人々（2022年6月）

チューセッツ州）。民主党内では左派の政治家が影響力を誇る。

　ところが文化的に左旋回するだけでは、全国を舞台にする大統領選は勝てない。アメリカそのものが文化的にリベラル一辺倒というわけではないからだ。特に労働者層は経済的に苦境でも、宗教、銃、ジェンダーなど文化に関しては保守だ。

　暴力も極右の専売特許ではなく、左派でも人工中絶に賛成するグループの一部が過激化し、教会施設などを破損する行為などが相次いだ。こうした行動が今度は保守層の強い反発を引き起こしていく悪循環が広がった。

　2020年大統領選で、熱狂的な支持者のいるサンダースやウォーレンではなく、

人工中絶禁止への抗議デモ（2022年5月）

特定の熱烈支持者がいるわけでもない中道のジョー・バイデンが最終的に民主党大統領候補にかつがれたのも、バイデンが立派な人だったからというわけではない。「急進左派候補では大統領選に勝てない」という政治のリアリズムの結果だった。

そのバイデンは大統領に就くと、急進左派の影響力に引きずり込まれてしまう。民主、共和の勢力が拮抗する議会で政策を実現し、政権を安定的に運営するためには急進左派の協力が欠かせない。移民、環境、人権などで中道寄りの姿勢を示すと、急進左派の強力な突き上げに遭う。結局、バイデン政権そのものが左傾化した。

コロナ禍で人々が物理的に分断されるなか、アイデンティティーをめぐる闘争を激化させる運動が広がった。2020年、黒人男性ジョージ・フロイドが白人警官に暴行を受けて死亡した事件などを受けて全国に広がった「ブラック・ライブズ・マター（黒人の命も大事）」運動だ。「人種」を争点とした大きな政治潮流となった。

こうした激しい流れは当然、反動も生み出す。ノースカロライナ州のトランプ支持者が「民主党による『専制政治』」と断じたように、文化闘争に対する「やりすぎだ」との反感は、保守層はもちろん、穏健な無党派層にも広がっていた。

人々の疲労感は徐々に蓄積され、すでにピュー・リサーチ・センターの2016年調査に6割の人が「最近は他人の言葉遣いによって簡単に気分を害する人が多い」と答えていた。モア・イン・コモンの2023年調査では無党派層の67％は自分たちには発言権がないと感じ、激化する文化闘争にうんざりした気分が広がっていた。

民主党、もしくはリベラル層は急進的に左旋回するか、穏健な中道路線にとどまるかという路線対立を繰り返しているうちに、白人だけでなく、黒人やヒスパニックまで含めた労働者層という「無名の普通の人々」の心をつかむ経済政策を効果的に打ち出せなくなった。その結果が2024年選挙での惨敗だったといえる。

なんだかズレてるな、と感じる一例を挙げたい。「Latinx」という言葉がある。

ヒスパニック系の人々を呼ぶ際、男性名詞と女性名詞の区別があるスペイン語語源の

保守派の集会風景（2023年7月）

「Latino」ではなく、性別に中立な単語として「意識の高い人々」が使う。清掃員や飲食店の店員、農場作業員として日々働いているヒスパニック系の人々からすると、「どうでもいいよ、そんなこと」という類いの話だろう。

反動は予想を超える大きさになった。トランプがホワイトハウスに返り咲くと、多様性、公平性、包摂性（ＤＥＩ）の合言葉は保守派から禁句の扱いを受け、攻撃の標的となった。政権発足直後、沿岸警備隊司令官のリンダ・フェーガンを解任した。ＤＥＩを「過度に重視した」という理由だった。

トランプは就任初日に前政権のＤＥＩ重視政策を終わらせる大統領令に署名し、早速実行に移した。沿岸警備隊は陸海空各軍や海兵隊、宇宙軍と並ぶ6つの軍種の一つ。フェーガンは2022年、6つの軍種で女性初の制服組トップになっていた。

南部の「非白人」議員10人に聞いた

「人種を切り口にアメリカへの理解を深めるには、南部諸州の当事者への取材をもっと積み上げないとダメだな」。そう思ったのは、2024年大統領選まで残すところあと1年というころだった。

アメリカ取材も3年目に入り、「応用編」に入るための「基礎」はできたという自分なりの手応えもあった。10年、20年とこの国で研究を続けるのなら違う方法を採ったかもしれないが、新聞記者の1回の駐在はだいたい4年前後で終わる。

記者としての目標に近づくには走りながら考える突貫工事が欠かせないが、見立てが甘く、現場でただ右往左往することもあり得る。取材が「無駄撃ち」になるリスクは常にある。

とりあえずの目標を定めた。大統領選の行方を握る南部ノースカロライナとジョージアの2州で地元州議会の黒人やアジア系など「非白人議員」に少なくとも10人は会って話を聞こうと決めた。むろん、議員以外の関係者の話も聞く。アメリカの人種問題を考えていくための自分なりの軸をつくりたい。そう考えた。

マイノリティー（少数派）とされる人々のコミュニティーの内側に入り込んでいくのは非常に難しい。事前にいろいろ下調べし、参考資料をあさって準備しても、取材する側とされる側の間で文化や歴史、習慣に関する「共通理解」がどうしても不足する。その結果、取材者である私自身が「マイノリティーの中のマイノリティー」という異質な存在として浮いてしまうことが往々にして起きるのだ。

ならば、頼れる人の親切にすがるしかない。頼ったのはそれまでの取材で知遇を得たジョージア州議会の民主党のベテラン下院議員、ロジャー・ブルースだ。

「トランプが再び大統領にならないよう活動している。トランプの言うことは信じられないし、嘘ばかりだ」というブルースは、仲間の民主党議員をアトランタにある議員会館の自分の部屋に呼んでくれた。

その一人、バイオラ・デービスに尋ねたのは選挙で問うべき争点だ。「私の選挙区は黒人が圧倒的に多く、選挙区内に20軒以上ある賃貸のアパートに住んでいる。持ち家を買うという『アメリカンドリーム』を実現できるようにすることが大事だ。彼らは黒人に関わる問題を扱ってほしいと考えている」と彼女は答えた。

もう一人のデブラ・ベーズモアには叱られた。私がバイデン政権の副大統領、カマラ・ハ

ジョージア州議会のベテラン下院議員、ロジャー・ブルース（右）とバイオラ・デービス
（2023年10月、アトランタの議員会館）

リスは不人気だと言ったからだ。「誰に人気がないって？　私が知っている人々の間では人気がある。彼女の民族性や女性であることが理由で、彼女が達成してきたこと、やっていることに焦点が当たらないのだ」。

ブルースもこう話した。「ハリスのこれまでの成果をみれば、大統領になるのに等しい資格があることが分かる。同じような業績のある白人男性だったら、準備ができていないと思うだろうか」。最終的にハリスを大統領候補とした選挙戦で多くの民主党支持者が唱えた考え方がすでにこの時点で語られていた。

若手の中で民主党やリベラル層の雰囲気を代表するような議員にも会った。イマニ・バーンズだ。

「私は黒人のシングルマザーでレズビアン、そして科学者。多くの少数派を代表している」。そう公言するイマニは、アトランタ都市圏を選挙区としていた。

様々な少数派代表を自認するイマニも「有権者の関心事は住宅問題が大きい。上昇する家賃を払えず、立ち退きを迫られる人が増えている。都市部の住宅供給は相変わらず不足している。インフレへの不満が強い」と話し、「バイデン大統領の経済政策運営への反応はあまり良くない」と率直に認めていた。

若手男性議員のエリック・ベルも「有権者の関心は住宅、賃金、治安、医療、教育の5つ。少数派のコミュニティーでは大統領選への無関心が目立つ」と懸念していた。「スーツを着て会議室で政治をやるのではなく、ジーンズとTシャツでやる普通の政治にしたい」と話していたのが印象に残った。

地元に密着している州議会議員からは当然ながら、マイノリティーの権利擁護を前面に押し出すべきだといった意見はほとんど聞かれなかった。一般の有権者との距離が近い彼らの声は、一般有権者の本音を色濃く映しているはずだ。なぜ、有権者が最も気に懸けている「暮らし」に、民主党はうまく光を当てられないのか。

彼女たちの「敵」にも話を聞いた。ミーシャ・メイナーだ。この年の7月に民主党から共和党に移り、ジョージア州議会で初めての黒人女性の共和党議員となった。彼女は「転向」の理由をこんなふうに説明した。

「共和党内の過激派は少数派だが、民主党内の過激派は多数派になりつつある。中道・穏健派である私は邪魔者として追われた」

支持者の理解は得られているのですかと尋ねると、「支持してくれている。『黒人は民主党支持』という人に、『黒人が大多数を占める地域をみてほしい。その地域が荒れ果てているのは共和党の責任なのだろうか』と言いたい。その地域をずっと牛耳ってきたのは黒人の民主党員だ」と答えた。

「ほしいものが手に入らないことに慣れているのが黒人の現実だ」という言葉が悲しい。彼女の選挙区はアトランタ中心部のダウンタウンにある。

アトランタは黒人解放の父と呼ばれ、公民権運動を指導した牧師マーティン・ルーサー・キング・ジュニアの出身地である。コカ・コーラやデルタ航空が本拠とする南部の大都市だ。美しい街でありながら、多くのアメリカの大都市と同様、ダウンタウンにはホームレスの姿も目立ち、路地は荒廃した雰囲気が拭いきれない。

隣のノースカロライナ州では州議会の民主党上院議員、ナタリー・マードックの言葉に大きくうなずいた。

「黒人女性だからといって誰もが同じ問題に関心を持っていると思われるのは嫌だ。一人ひとりが気にかけている問題について早い段階から何度も話さないといけない。私はまだ賃貸アパートに住み、学生ローンの返済も終わったばかり。だからそうした問題に共感できる」

「非白人」とひとくくりにできない現実も改めて感じた。

たとえば、中国系のノースカロライナ州下院議員、ヤ・リューは社会学と法学の2つの博士号を持つ。それだけ研鑽を積んでも「アジア系はこの国で永遠の外国人だと思われていると感じる。「アメリカで生まれたアジア系の子供たちは、初対面の人から『出身はどこ？』と聞かれる。『ここです』と答えるしかないのに」

ノースカロライナ州でもインド系を含めたアジア系住民は存在感を増している。もっとも、その政治的な立場は揺れている。「ある問題では共和党に同調し、ある問題では民主党に同調する。保守的な面もある」とリューは言う。

黒人のトランプ支持者はどう考えているのだろう。ジョージア州に戻り、ジョージア黒人共和党評議会会長のカミラ・ムーアとその仲間たちと、南部料理のシュリンプ・アンド・グリッツを食べながら3時間あまり会話をともにした。

カミラは「黒人保守派はプロファミリー（家族観重視）、プロライフ（中絶反対）、プロビジ

ジョージア黒人共和党評議会の幹部（2023年10月）

ネス（経済重視）だ。若い世代は無党派でいたい人が多い。私の30代の2人の息子も自分たちは無党派だと思っている。たとえ共和党に投票しても、共和党のレッテルを貼られることは好まない」と話した。

――黒人コミュニティーを共和党支持にひっくり返すつもりなのですか？

「必ずしもそこに重点を置いているわけじゃない。歴史的に私たち黒人の文化の一部であった保守的な問題に彼らが賛成票を投じてくれればいい」

――キリスト教の価値観を軸にするということ？

「そうだ」

南部での人種隔離に関する博物館展示（2024年12月）

——若い世代をどうひき付けるつもりですか？

「若者の支持なんか狙わない。彼らは選挙に基本的に無関心だ。働き始めたり、結婚したり、自分で稼いだおカネで生活するようになって初めて政治に目を向ける。私たちは宗教保守派に照準を定め、黒人のカトリックへの発信に力を入れていく」

「非白人は民主党支持」の定説は揺れている——。取材を積み重ね、そんな手応えを感じては、いや待て、本当にそうだろうかと迷った。南部を明るい未来を託して「サンベルト」と呼び替えてみても、もともと「ディープサウス」と呼ばれた深南部を訪ね歩くほど、人種をめぐる傷痕の深さを嫌というほど思い知るからだ。

たとえばノースカロライナ州グリーンズボロ。1960年に4人の黒人学生が白人専用店のランチカウンターに腰掛け、退席を拒む非暴力の抗議運動を始めた。

南北戦争後、南部諸州の白人社会が黒人を締め出す根拠としたのが1896年に連邦最高裁が下した「隔離すれども平等」という理屈の判決だ。識字テストや投票税、白人武装集団による妨害といった手段を駆使し、黒人の投票権を事実上奪った。20世紀に入っても黒人に対する凄惨なリンチが頻発した。

学校やバス、レストランなどで人種隔離による差別が平然とまかり通るなか、「グリーンズボロの4人」と同様の座り込み運動は南部に広がった。

当時は黒人旅行者が安全に泊まれるホテルも限られていた。その一つ、「マグノリアホテル」はいまもグリーンズボロで営業している。ルイ・アームストロングらも宿泊した。西隣にあるテネシー州で有名なのは「ロレイン・モーテル」だろう。州の西南端に当たる都市、メンフィスのダウンタウン地区にあり、いまは国立公民権博物館となっている。

1968年4月4日、このモーテルの306号室前のバルコニーに立っていたマーティン・ルーサー・キングは銃撃を受け、暗殺された。

キング暗殺の余波は大きく、その後の混乱と荒廃で「ダウンタウンから人口流出が続き、

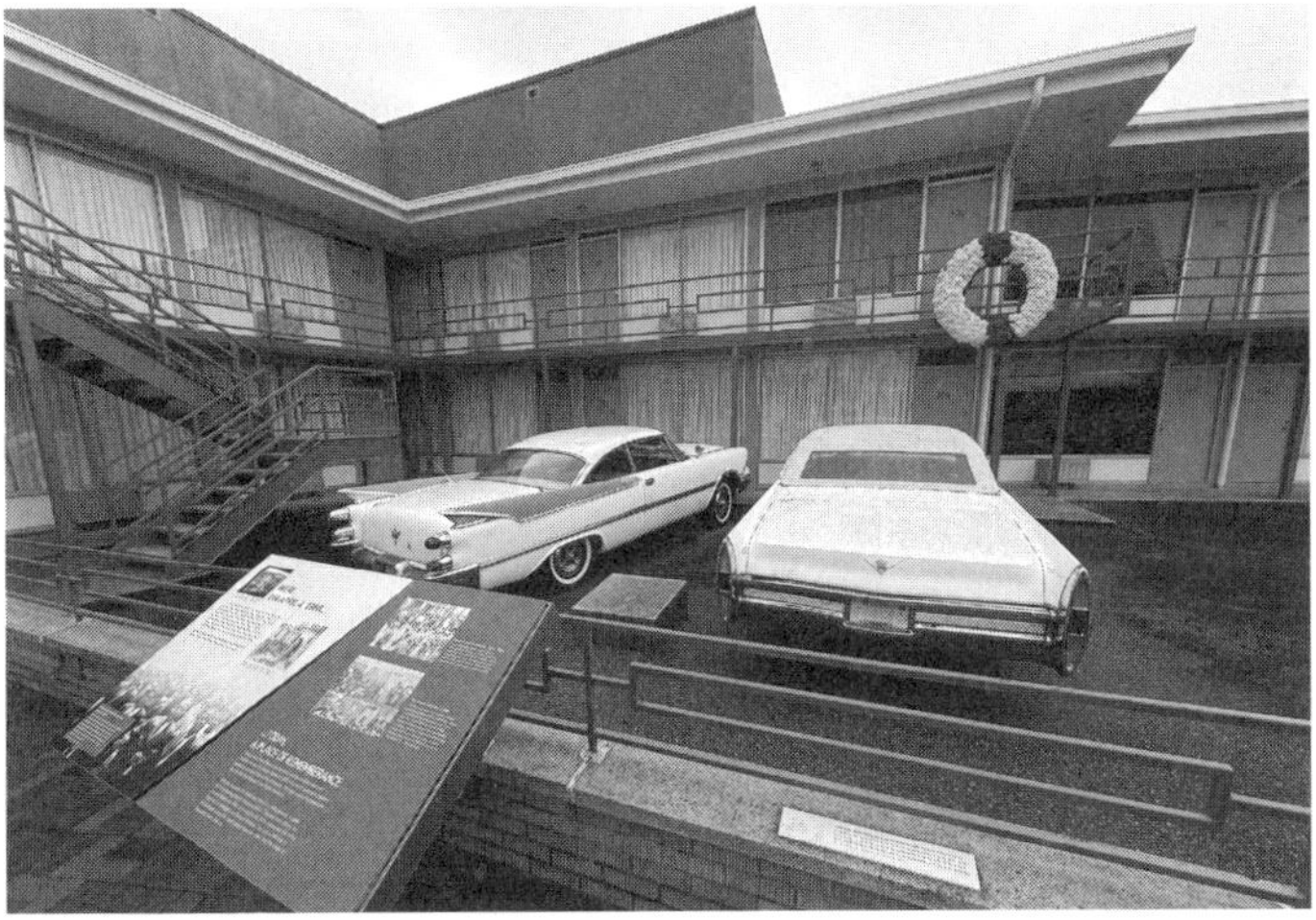

キング牧師が暗殺されたロレイン・モーテル。
現在は国立公民権博物館となっている（2024年12月）

最悪期は地区人口が200人ほどにまで落ち込んだ」と地元住民は話す。19世紀から営業する老舗「ピーボディーホテル」も1973年にいったん閉館した。

この街を愛したエルヴィス・プレスリーは黒人音楽のブルースと白人音楽のカントリーを融合し、ロックンロールを生んだ。街のスタジオでは白人と黒人のミュージシャンがともに演奏し、新たな文化を創った。政治はその何周も遅れていた。

ほんの60年ほど前のことにすぎない。1950〜1960年代の公民権運動を経て黒人は民主党支持になり、それまで南部で民主党を支持していた白人は共和党支持に転じた。重い歴史を踏まえれば、

「非白人は民主党支持」という定説は確かに揺らいでいるとはいえ、その動揺を食い止める機会が民主党に皆無だったとも思えない。

「政策を変えたいなら投票に行って！」。2023年秋、アトランタ郊外での民主党のミニ集会を訪れると、黒人女性の州議会議員がいら立ちを爆発させるように声を張り上げていた。

ノースカロライナ州ウィルミントンで開かれた全米黒人地位向上協会（NAACP）の集会でも参加者が訴えていた。「私たちの祖先は選挙権を得るために多大な犠牲を払った。いま、あまりに多くの人が投票に行かない。祖先の遺産を軽んじるな」

そして、2024年11月、トランプが大統領に返り咲くことが決まった。

2025年2月9日、アメリカ中の視線が南部ルイジアナ州ニューオリンズに集まっていた。プロフットボールNFLの王座決定戦スーパーボウルが「シーザーズ・スーパードーム」で開かれ、トランプは歴代大統領で初めて現場で観戦した。

ハーフタイムを飾ったのは、前の週にグラミー賞5冠を達成したばかりのラッパー、ケンドリック・ラマー。アメリカを擬人化した「アンクル・サム」を演じる俳優サミュエル・L・ジャクソンが狂言回しを務めた。

星条旗の赤、青、白の衣装をまとったダンサーが舞台を埋める。とことん黒人文化を色濃く打ち出した演出だ。トランプの前で、ラマーは歌い出した。「この革命はテレビで放映される。タイミングはばっちりだ。人選はしくじった」

終盤に入って『Not Like US』のイントロが流れ、ラマーは言葉を重ねた。「40エーカーとラバ1頭、これは音楽よりデカい」。〝40エーカーとラバ1頭〟は、南北戦争後に解放された黒人奴隷に補償を約束したものの、アメリカ政府が果たさなかった史実だ。黒人への抑圧の歴史は終わっていないという宣言だった。

なぜ、民主党はこの声を受け止めきれなかったのだろうか。

DからFへ　Eを飛ばした「エニグマ・ハリス」

「上下」に分断されたアメリカ社会で置き去りにされた思いを抱き、「私たちが気に懸けている問題に目を向けてくれ」と訴える人々。２０２４年大統領選に敗北した民主党だが、混乱の選挙戦のなかでその声に応える絶好のチャンスがあった。

80歳を超え、衰えを隠せなくなった現職大統領のバイデンが選挙戦から撤退し、代わりに副大統領のハリスが一気に民主党の大統領候補の指名を確定した「危機」の夏こそが、そのときだった。

「ハリス対トランプ」の決戦まですでに3カ月を切っていた。前例のない危機だからこそ、選挙戦の構図そのものをリセットする大きなチャンスだった。

実際、バイデンのままでは勝ち目が薄れる一方だった選挙戦は、ハリスの登板によってトランプとまともに立ち合うことのできる態勢に仕切り直す勢いを得た。有権者の関心に目を向け、メッセージを大きく変える余地があったのは間違いない。

ハリス陣営も意識はしていた。訴えたスローガンは「自由（Freedom）」。さらに「未来（Future）」も加えた。いずれも頭文字は「F」だ。

それまでバイデンは「民主主義の脅威」であるトランプに勝てるのは自分だけであり、民主主義を守るために再選をめざすと訴えていた。それを「プランD（Democracy）」と呼ぶ人もいた。ハリスは「D」から「F」へと軸足を移した。

なぜか。この「民主主義を守る」という主張そのものが、「住居費や食料品価格の高止まり」や「教育」といった身の回りの問題に光を当ててほしいと切望する有権者の心に響いていなかったからだ。

「プランD」のメッセージに共感したのは主にバイデンの支持基盤である年配の人たちが多かった。若者を中心に漂ったのはしらけた空気だ。「確かに民主主義は大事だけど、なぜこのおじいちゃん以外に選択肢がないの？」

「Freedom」をアピールするカマラ・ハリス(2024年8月)

本来、「自由」は保守層が好む言葉だ。ハリス陣営はそれを逆手にとって「労働者は組合に入る自由がある」「銃の暴力から安全に暮らす自由がある」「生殖の自由がある」と唱えた。トランプが「自由」を訴える機会を先に潰す狙いもあった。

ハリスは大統領選に名乗りを上げた後、最初の遊説先として7月23日に中西部ウィスコンシン州に向かった。そこでの演説でハリスはFreedomという言葉を10回近く口にした。これに対し、Democracyという単語はついに1度も使わなかった。人気スター、ビヨンセの『Freedom』をテーマ曲としたイメージ戦略に力を入れた。

ちょっとしたブームが起きたことは間違いない。なにしろ、それまで民主党陣営は高齢のバイデンが選挙集会に登壇するたびに何かまた失言しないか、転んだり、倒れたりしないかと、口には出さなくても内心ではおっかなびっくり見守っていた。「ようやく普通に応援できる」という「喜び」が支持者を覆っていた。

若者らがハリスを「brat（悪ガキ）」と自分たちの仲間にくくり、ミーム（はやりの面白動画）を作って遊ぶ現象も広がった。心の底ではバイデンが途中撤退すると思っていなかったトランプも焦った。「次世代にバトンを渡す」という選択など絶対にしないであろうトランプからすれば、バイデンの決断は理解不能だったのかもしれない。

しかし、ハリスは肝心なところで躊躇した。

支持率低迷が続いていたバイデンとの違いを明確にし、「人々の暮らしをどう改善していくのか」ということについて有権者に自分の考えを伝えるせっかくの好機を逃してしまった。

検察官出身で経済政策が不得手ということもある。それ以上に大きかったのは、バイデン路線を否定することで政権ナンバー2である自分自身を否定したくないという「メンツ」の問題だったのだろうと思う。「これまで正しいことをやってきた」というプライドが「変節」の邪魔をしたと言い換えてもいい。

ハリス本人だけでなく、ハリスを支える優秀な民主党の「エリート」たちも、なりふり構わず有権者に訴えるより、自分たちの過去の言動との整合性を保つことを優先した。結局は「泥臭く振る舞ったり、格好悪いマネをしたりするのは嫌だ」ということにすぎなかったように思う。

絶好の機会をつかむことなく、ハリスの選挙戦は最後まで「E」、つまりEconomyのメッセージが弱いままだった。

激戦州のように誰に投票しようか迷っている有権者が多いほど、争点として経済が重要になるにもかかわらず、記者会見などを開いて経済構想を体系的に語ろうともしなかった。いや、できなかったのだろう。

ジョージア州で出会った州議会下院議員のイマニ・バーンズもこのころ、こう話していた。「多くの人々がハリスのプランを知りたがっている。当選したら就任100日間で何をするのか。私たちの問題をどう解決するつもりか教えてほしい。私たちは聞く準備ができている」

だが、欠けた「E」のピースはついに埋まることはなかった。

民主党が労働者層の支持をひき付けることができなくなったのはいまに始まった話ではない。冷戦終結後の1990年代、アメリカはIT（情報技術）産業の急成長に沸き、政権を担った民主党のクリントン政権は東部に集積する「オールドエコノミー」の象徴、鉄鋼業など伝統的な製造業への関心が乏しく、金融やITなど「ニューエコノミー」を重視した。この流れはオバマ政権でも変わらなかった。

この2つの民主党政権に挟まれたブッシュ政権（第43代）をはじめ、共和党はエネルギーや素材といった古くからの製造業重視に傾いた。象徴は2024年選挙での最大の激戦州だった東部ペンシルベニア州だ。1990年代以降、共和党は鉄鋼業を代表するこの州でずっと負け続けたが、2016年のトランプ登場でようやく勝利する。共和党が目に見える形で労働者支持を勝ち取った選挙だった。

「ハリスはエニグマ（謎）だ」。首都ワシントンのアメリカ人の友人がこう話したとき、ぴったりの表現だと思った。ハリスは演説でも台本を読み上げる安全運転に終始し、「中間層の厚みを増す」というスローガンを肉付けしなかった。

リベラル寄りの主要メディアもこの点を十分に掘り下げたとはとても言えない。貴重な「単独インタビュー」の機会を得ているのに、著名女性記者とハリスがカフェでおしゃべりするといった「緩い」もので終わってしまった。

「バイデン隠し」と「息子の恩赦」

「絶対にない」。大統領報道官のカリーヌ・ジャンピエールがホワイトハウス西棟の記者会見室でバイデンの選挙戦撤退の可能性を完全否定したのは2024年7月3日のことだ。

バイデンの撤退表明は、それから18日後の日曜日の午後だった。

初めからボタンの掛け違えがあった。バイデンは2020年大統領選で「私は自分自身を『かけ橋』とみている。それ以外の何ものでもない」と訴えた。トランプの再戦を阻む歴史的使命を果たせば、次世代への橋渡しに徹する――。そんな覚悟をくみ取った人も多かった。ところが、バイデンは「再選」への道を選んだ。

1942年11月20日生まれのバイデンが再選をめざす大統領選投票日を81歳で迎え、当選すれば2期目を86歳で終える計算となることは誰でも分かっていた。アメリカ人の平均余命は70代前半だ。

元大統領のオバマは2期目の任期満了が近づいたころ、退任後に何をしたいかと外国首脳に聞かれ、「とにかくゆっくり眠りたい」と答えた。当時、オバマは55歳だった。世界で最も激務であり、核のボタンを預かる権力の座を80代の高齢者に任せることにまったく不安を覚えないと言ったら、ウソだろう。

バイデンは「トランプに勝てるのは自分だ」と信じた。2022年の中間選挙で民主党が大敗するとの事前予想を覆したことで、さらに自信を深めた。政治歴が半世紀におよぶ誰よりも年長の権力者が再選に動き出したとき、「待った」をかけられる人はどこにもいなかった。

「年齢はただの数字」。民主党はこんな合言葉を唱えた。民主党関係者に「若い人材が多くいるのに、なぜバイデン再選一択なのか」と聞くたび、「現職大統領であり、トランプに勝った実績があるからだ」と木で鼻をくくったような言葉が返ってきた。

そして、側近たちはバイデンを隠した。

・記者会見はめったに開かず、短い演説を一方的に読み上げるだけ
・海外だけでなく国内の報道機関のインタビューもほとんど受けない
・出張翌日の公務日程はがら空き。海外出張時のスケジュールも抑えめ
・転倒防止へ大統領専用機「エアフォースワン」の乗降は短いタラップで
・抗議者が入らないよう選挙集会はなるべく小さな会場で開催

バイデンの衰えという「不都合な真実」を隠す戦術は結局、水泡に帰した。トランプとの初めてのテレビ討論会で声がかすれ、討論序盤で言葉を失い、意味不明な発言をつぶやく姿を全国にさらしてしまったからだ。

大統領専用機「エアフォースワン」の乗降タラップは、バイデン転倒防止のため、短いものが用意された（2023年11月）

テレビ討論会は無残だった。アメリカの有権者はバイデンの失言や言い間違いの揚げ足取りをしたわけではなく、「90分」の討論で半世紀にわたる政治家としての過去の実績を否定したわけでもない。単に次の4年の未来を託すことはできないと思い知った。

実をいえば、声がかすれ、ぼそぼそと話すバイデンの姿は、私たち記者が記者会見場や海外首脳との会談の際などでよく目にする姿だった。だが、そうした姿は「ニュース」としてすべてが報じられるわけではない。結局、民主党が一般有権者に残したのは、バイデンの実像を意図的に隠していたのではないかという不信だった。

テレビ討論会の醜態を「ひどい風邪をひいていた」と弁解したバイデンは再選を断念した無念を最後までひきずった。

退任まで残り10日となった2025年1月10日、珍しく記者とのやりとりに応じたバイデンは「私はトランプに勝てたと思う。党を団結させることが重要だと考えた。私は再び勝てると思っていたが、党を団結させるほうが良いと考えた」と繰り返した。多くのアメリカ人との認識のずれが最後まで目立った。

もう一つ、バイデンが残したのは「偽善」の刻印だ。

大統領としての任期を終えるまで残り50日となった2024年12月1日、バイデンは息子ハンターを恩赦した。選挙戦の撤退表明と同じく、日曜日だった。

「私の息子という理由だけで標的にされた。もうたくさんだ。父親として、大統領として、なぜこのような結論に至ったのか、アメリカ人に理解してほしい」

バイデンは、薬物依存を申告せず不法に銃を購入した罪で有罪評決を受けたハンターへの「完全かつ無条件」の恩赦に署名した。脱税事件も含め、2014年1月～2024年12月までにハンターが犯したあらゆる罪を水に流せと命じたわけだ。

「父親として」の心情は、人として理解できる。大統領の息子でなければ訴追されない微罪かもしれない。薬物中毒に苦しんだ息子を無条件で応援する気持ちも分かる。大統領選からの途中撤退を迫った民主党の仲間にさえ不信感を抱くバイデンが「家族を守れるのは自分だけ」と考えたのもうなずける。

しかし、ハンターは自身のビジネスを含め、「バイデン家」の一員であることの有形無形の恩恵を享受してきた。そうでなければ、一私人にすぎない50代半ばの男性が80歳を超えた権力者の父にいつも付き従っているのはなぜだというのだろう。「大統領として」この結論に至ったことは残念でならなかった。

なぜなら、大きく3つの禍根を残したからだ。まず、選挙戦を通じて「司法判断を尊重する」として恩赦も減刑も否定してきた発言を翻したことで、政治家はウソをつく、という有権者の不信に反論できなくなった。

次いで、自身に対する刑事訴追を「司法の武器化だ」と批判してきたトランプに反論する根拠を失った。法の支配を軽んじるトランプに対して「道徳的高み（Moral High Ground）に立つ」というリベラルの矜持《きょうじ》は紙くずになった。

さらに、一片の声明を公表した直後、アンゴラなどアフリカ諸国外遊に旅立ち、恩赦の理由を国民に説明する責任を放棄した。外遊中も記者の追及にまったく答えず、中国の影響力拡大に対抗するというアフリカ訪問の意義も消し飛んだ。

要するに、台無しだった。4年の任期の最後の最後で下した「大統領として、父親として」の結論がすべてを台無しにした。

バイデンはペンシルベニア州スクラントンに生まれ、幼少期は吃音に苦しんだ。克服して弁護士となり、1970年にはデラウェア州の郡議会議員、1972年に上院議員選挙で当選した。この年、最初の妻と娘を交通事故で失い、2015年にはガンを患っていた最愛の長男ボーが46歳で他界した。上院議員を36年、オバマ政権で副大統領を2期8年務めた経験豊かな政治家は家族愛の強い情念の人だ。

こうしたバイデンの実績や人生を軽んじようとは思わない。だが、息子の恩赦という決断は人々を落胆させ、「民主主義の大義」「アメリカの魂」といったバイデンの理想論をすべて偽善に聞こえさせてしまう破壊力があった。

もちろん、バイデンだけではない。トランプも2020年、長女イバンカの夫ジャレッド・クシュナーの父親で、脱税などで有罪となったチャールズ・クシュナーを恩赦した。しかも、2024年選挙に勝つと、トランプはチャールズを駐フランス大使に指名した。民主党大統領でもビル・クリントンはコカイン所持で有罪となった弟を恩赦した。縁故主義、ネポティズムは政治不信の源となっている。

トランプは「報復」を誓い、2021年1月の連邦議会占拠事件に関与し訴追されたおよそ1600人について大統領に返り咲いてすぐに恩赦を与えた。バイデンがハンターの恩赦を見送ったとしても、トランプは「我が道」を進んだだろう。とはいえ、「だからこちらも遠慮する必要はない」と考えるのは、道徳的に低く流されることにほかならない。

バイデンはトランプという人物をあまりによく理解していた。だからトランプに楽観を抱かず、自身への批判も承知のうえで身内を守った。トランプに大統領職を譲る2025年1月20日正午まであと22分という土壇場で、バイデンは弟妹ら5人の親族に「予防的」な恩赦を与えたのだ。トランプに報復されるのを防ぐため、権力の剣の最後の一振りを使うことにもはやためらいはなかった。

バイデンがハンターの恩赦に署名した翌日、ワシントンを訪れた元ドイツ首相のアンゲラ・メルケルとバラク・オバマが対談するイベントを見に行った。

政治に対する冷笑主義（シニシズム）の広がりをどう阻むべきかとオバマに問われ、およそ3000人の聴衆を前にメルケルはこう答えた。

「他人を見下し、不幸に目を向ければ、自分自身を地獄に落とすことになる。他人のために何かをしよう。そうすれば、いつも不満ばかり言うことはなくなる」

リベラル派の偽善だと笑うだろうか。単なるきれい事ではなく、貫くべき建前だとは思えないか。やせ我慢してでもその建前を貫き続けた先に、理想を語る資格があるからだ。「父親として」の恩赦は、そんな「道徳的な高み」を失わせた。

神が創った「上空を飛び越える州」

トランプを支持する人気カントリー歌手、ジェイソン・アルディーンは『フライ・オーバー・ステーツ』でこんなふうに歌っている。

ニューヨークからロサンゼルスへファーストクラスの飛行機で飛ぶ男たち。彼らは眼下を見下ろし、「何もない中西部に誰が住みたいと思うのかね」と笑う。だが彼らはその地を訪れたことも、住む人に会ったこともない。実際にこの地と人々を知れば、「神がなぜ『上空を飛び越える州』を造ったか分かるだろう」。

歌詞に出てくるのはオクラホマやインディアナ、カンザス。いずれも保守的な「赤い州」だ。首都ワシントンの友人たちに聞いても、オクラホマに行ったことがある人は少ない。同じ中西部のネブラスカ州も「上空を飛び越える州」の一つだろう。

2024年5月にネブラスカを代表する都市オマハを訪れた。車を運転していると、住宅地の路上をオポッサムが横切った。平らな土地が延々と続く。この地には人工中絶に反対する民主党員さえ珍しくない保守的な人々が暮らす。

そんな「赤いネブラスカ」の中に、投資家ウォーレン・バフェットの地元として知られるオマハは「青い孤塁」のようにぽつんと浮かぶ。地元の民主党事務所を訪れると、部屋の中の壁には党を象徴する「青」のペンキでこんな標語が書かれていた。「Protect The Blue Dot（青い点を守れ）」――。

アメリカ大統領選挙の特殊な仕組みがこの「青い点」を生む。

大統領選は有権者の一般投票で得票の多い候補が勝つわけではない。正式な勝敗は全50州と首都ワシントンで計538人いる「選挙人」による投票で決まり、過半の270人が当選ラインとなる。

ほとんどの州では、一般投票で1票でも多く集めた候補がその州の選挙人すべてを得る「勝者総取り」だ。ところがネブラスカと東部メーンの2州だけは、選挙人の一部を下院の選挙区ごとの勝者に分ける方式を採る。このため、連邦議会下院第2選挙区というオマハ地域は民主が唯一、共和党の強い「赤いネブラスカ」で勝てる望みをつなぐ「青い孤塁」というわけだ。

2024年選挙では民主党のハリスがこの1票をなんとか守った。とはいえ、ネブラスカそのものは非常に保守的だ。ネブラスカ大学オマハ校教授のランドール・アドキンスは「オマハの1票」を「民主、共和が拮抗している」とみている。

ハリス以前、1990年代以降8回の大統領選のうち、民主が「オマハの1票」を守れた

「オマハの1票」は、民主党にとっての「青い孤塁」だった（2024年5月）

のは２００８年のオバマ、２０２０年のバイデンの2回だけだった。オバマも２０１２年の再選時は敗れている。いつも「青い孤塁」を守れるとは限らない。

各州の人口などに応じて振り分けられている選挙人制度はどちらかといえば共和党に有利だ。たとえば西部カリフォルニア州は人口が３９００万人余りと最大で、最も人口が少ない中西部ワイオミング州の67倍にのぼる。ところが選挙人はカリフォルニアが最も多いとはいえ54人で、最低の３人が割り振られているワイオミングの18倍にすぎない。西海岸のカリフォルニアは民主党が必ず勝つ「青い州」、中西部のワイオミングは共和党が絶対に獲る「赤い州」だ。

つまり、人口がまばらな中西部の「上空

を飛び越える州」という保守的な地域を地盤とする共和党のほうが選挙人の獲得では有利になり、しかも「勝者総取り」の仕組みがそれに輪をかけている。なぜこんな一見すると不公平な仕組みにしたかといえば、建国の父たちが単純多数決による「多数の暴政」を恐れたからだ。

「多数の暴政」というのは、19世紀にアレクシス・ド・トクヴィルが『アメリカの民主政治』の中で何度も言及している。合衆国憲法の起草者たちも、一般市民の利害は多種多様で対立し、ときに調停不能なものだと理解していた。

だからこそ異なった地理や文化に根差す利害を守りながら政治的に調整できる代表者を持てるよう、各州による連邦制を支持した。平たく言えば、当時のエリート知識階級だった建国の父たちは「一般人に任せるのは危険。より賢く、国民をよりよく代表する人が必要」と考えた。このため数のうえで増え続けていく一般有権者の直接投票ではなく、大統領の選出にもう一手間かける間接選挙を選んだのだ。

「民意をきちんと反映していない」として、選挙人制度の廃止を求める声はリベラル層や若者から上がっている。政治学者スティーブン・レビツキーらは著書『少数派の横暴』で多数派の抑制を優先するあまり、少数派に好都合な制度設計に傾いていると問題点を指摘した。だが、制度変更は極めて難しい。

私がネブラスカを訪れたとき、オマハのあるダグラス郡の民主党代表を務めるC・J・キングは若者の関心の低さ、熱意の乏しさに頭を悩ませていた。とにかく若い選挙ボランティアを集めるのに苦労していた。「選挙の手伝いは時給25ドル（約3750円）だぞと話したら、ようやく高校生が手を挙げた」と苦笑いしていた。

中西部の広大な農村地帯は、都会のエリートたちから普段顧みられることはほとんどない。少し西に向かえばイエローストン（ワイオミング州）やロッキー山脈（コロラド州）といった全国に59ある国立公園もあり、夏休みになれば観光客でにぎわう。ところがネブラスカやカンザス、オクラホマにはそれもない。

まさに「上空を飛び越える州」だ。それでも共和党からみれば、「神が造りたもうた」と言いたくなるほど、失うことのできない政治的価値を秘めている。「上空」のファーストクラスの飛行機から何を叫んでも、地上で暮らす人々の耳に届くことはない。ましてや、その心に響くことなどあり得ないだろう。

ネブラスカ州オマハの青空市場でトウモロコシなどの野菜を売っていた60代の白人男性はこう言っていた。「民主党が労働者層の支持を失いつつあるとか、エリートの党になってしまったとか、そんな話はずっと前からみんな言っている。だからといって、民主党が何か手を打ったとも思えない。政治は当てにならないよ」

第3章

排斥

国境に押し寄せる「普通」の人々

もし危険が迫っているとすれば、
それは私たちの中に突然発生するに違いない。
外国からやって来るのではない。
もし破滅が我々の運命であるなら、
我々自身がその原因であり、またその結末だ

エイブラハム・リンカーン
28歳の演説

なぜ、私は国境地帯に向かったか

280万人――。2024年にアメリカで増えた移民の数だ。

この年、アメリカの人口は全体で330万人、およそ1％増えた。その8割を移民が占めた計算となる。移民はほぼ20年ぶりの高い伸びとなった人口増加を牽引し、アメリカ経済に新たな働き手として加わり、その成長を支えている。

「異質な人々」の急増は、社会そのものを切り裂く震源でもある。

「私は国境問題と食料品問題で勝利した」。ドナルド・トランプは2024年11月の大統領選挙の勝因をこう自己分析している。移民問題とインフレが民主党の敗因である、というわけだ。ここでいう移民とは査証（ビザ）や移住資格を正規の手続きで得た人々を指すのではない。「Undocumented（書類なし）」と呼ばれる非正規の移民、いわゆる不法移民のことだ。

アメリカは移民の国だ。だからといって新参者、特に正規の手続きを経ていない新参者にすべての人が寛容なわけではない。不法に入国してくるわけだから、取り締まるべきだとの意見があるのは当然だろう。煩雑で厳しい正式な審査を乗り越え、アメリカに住む資格を苦労して得た人ほど、不法に国境を越えた人には厳しい。

アメリカ国境にある「壁の穴」(2024年2月)

「アメリカ人であること」という既得権を手にした人々の目に、不法移民はその既得権を侵す存在に映る。周囲の住環境を乱し、治安を悪化させるかもしれない。手ごろな家賃で住める住宅の不足に拍車をかけ、家賃がさらに高くなるかもしれない。ただでさえ脆弱な医療提供システムを一段と逼迫させるかもしれない――。こんな不安を抱く人々は多い。

だからこそ、トランプが選挙戦で発した「(不法移民が)血を汚している」「悪い遺伝子を持ち込む」といった憎悪にまみれたメッセージに眉をひそめながらも、人々はトランプを選んだのだろう。

その現実を直視しなければ、アメリカを理解することは難しい。そう思い、202

4年2月、私は南部のメキシコ国境地帯へと向かうことにした。選挙戦取材がだんだんと盛り上がっていくさなか、遠く国境地帯にまで出かけることのできるタイミングはここしかなかった。

実はその直前の2月3日まで、南部サウスカロライナ州で実施された民主党予備選挙を取材していた。当時はまだ大統領のバイデンが再選をめざしていた。いまひとつ盛り上がりと熱気を欠く予備選の取材を同州コロンビアで終えると、私はそのまま西部カリフォルニア州サンディエゴへと飛んだ。

なぜ、カリフォルニアを選んだのか。アメリカへの不法移民といえば、もちろんベネズエラやグアテマラなど中南米からの人々が大多数を占める。ところが、ちょうどそのころ噂が耳に入った。中国からの不法移民がはるばる太平洋を越え、南米大陸からメキシコを通ってアメリカ国境に押し寄せているというのだ。

私は2009年から1年間、中国の北京にある清華大学に中国語を学ぶために留学し、2012年春から2016年春まで北京に特派員として赴任した。計5年間、中国で暮らしたことになる。内陸部の直轄市、重慶の支局長も兼務した。

脇道にそれるが、学生のころから中国を研究してきたわけではない。たまたまチャンスをくれる上司に恵まれ、取材対象としては魅力ある国に赴く好機に飛びついた。37歳で一

アメリカ南部のメキシコ国境(2024年2月、カリフォルニア)

から外国語を学んだが、仕事と同じように時間と労力を費やせば、ある程度は上達する。自分の得意を生かすのはこのときしかあるまい。そう考えた。

アメリカ政府の統計をみると、2023年にメキシコに接する南西部国境地帯では250万人にのぼる不法移民が拘束されていた。このうち中国人は4万人近くにすぎなかったとはいえ、1年前の10倍に急増していた。

しかも中国からの不法移民の99%は、カリフォルニア州南部の国境を越えていた。アジア系住民が多く暮らす大都市ロサンゼルスが近いからだろう。「仲間」がいる街にたどり着いてしまえば、後の生活はなんとかなるものだからだ。カリフォルニア州南部には難民申請を助ける弁護士事務所も数多くある。

私が降り立ったサンディエゴから北にロサンゼルスへと向かう州間高速道路5号線は、メキシコからの麻薬ビジネスの大動脈の一つといわれる。逆に、サンディエゴから南東に車で1時間半ほど走ると、メキシコ国境沿いにハクンバという小さな集落がある。私はこの集落をめざしてサンディエゴから車を走らせた。

正直、何もないところだった。岩が転がる山がちな乾燥地帯が広がり、緑のある土地はたいていが大牧場だ。砂漠、土漠といっていい地域であるがゆえに水はけは悪く、年に数回降る大雨に備えて、ところどころに「洪水注意」の立て看板がある。

不法移民が大挙して流入してきているとはいえ、広大な土地のどこに国境警備隊が不法移民を一時留め置く野営地があるのか分からない。通信環境も悪く、スマホの地図アプリも主要道路がなんとか表示されるだけでまるで役に立たない。誰かに道を尋ねようにも、そもそも歩いている人など見当たらない。

「万里の長城」に似た国境の「壁」の近くをカメラ片手にうろついていると、白人男性の保安官に職務質問された。「ヘイ、どこから来たんだ」。念のためホワイトハウスと連邦議会の記者証は携帯していたものの、冬の予備選取材から転戦してきたため、古いダウンジャケットにジーンズという不法移民と大差ない服装だった。

「不法移民が留め置かれてる野営地に行きたいんだ」。記者証を見せて取材目的を説明した。ちょうど、カリフォルニア州南部に大雨が降った直後だった。保安官は「多くの移民をいったん別の場所に移送したばかりのはずだ。だけど、あそこにならまた今朝から集められているかもしれないな」とつぶやいた後、こう続けた。「ずっと向こうにあるあの小山が見えるか。その麓あたりに集められていると思う。郡道が途切れた先の私有地の未舗装道路を3マイルほど走れ」

とはいえ「私有地の未舗装道路」に本当に分け入っていいのか、不安がよぎる。私有地にみだりに入って、撃たれでもしたら目も当てられない。何度も道順や目印を確かめると、面倒くさくなったのか、それともアメリカ人の気さくな親切心なのか、幹線道路から郡道が分岐する場所までパトカーで先導してくれるという。パトカーを追いかける形でレンタカーのSUVを走らせた。

パトカーと分かれて郡道に入り、さらに「ここでいいのかな」と思いながら未舗装のガタガタ道に入っていった。確かに私有地らしい。ところどころに底の見えない巨大な水たまりが残っていた。

親切な保安官に捕まらなければ、到底たどりつけなかった。国境警備隊員の姿が見えると、その先に不法移民を一時的に留め置く野営地があった。海を渡り、ジャングルを踏破し、アメリカに足を踏み入れた不法移民の集団がうずくまっていた。

熱帯雨林を2晩3日かけて踏破する「普通」の人々

緩やかな丘を越えて平らに開けた場所に、150人ほどの不法移民が集められていた。国境警備隊員が近くにいる。突然の闖入者である私に対して、警戒と好奇、そして「こいつは俺たちの役に立つのか」というあからさまな期待の混じった視線が向けられた。

150人ほどの不法移民のうち、中国人は4割ほどだったろう。何年も付き合ってきているので、同じアジア系でも一目見ればなんとなく中国人は見分けがつく。ちょっと違うなと感じるアジア系は、ベトナム人だった。その他の多くはベネズエラやグアテマラなど中南米の国々からやってきた陽気な人々だった。

中国人たちに手当たり次第に「君らに取材したい」と説明しても、「あ？　取材？　なんで俺たちにインタビューするの？」とピンと来ていない人が多かった。それでも集団の中に家族連れを見つけて声をかけると、これがヒットだった。

「熱帯雨林を2日半も歩いたんだ。2日半もかかったんだよ」。10歳の書亜くんは40日余りにおよんだ家族の決死行を得意げに語ってくれた。

野営地に集められた中国からの不法移民（2024年2月）

両親と一緒に2024年2月4日の明け方にメキシコから国境を越え、「自由の国、アメリカ」（母親の燕）に入ったばかりだった。山東省出身の中国人一家だ。

この日から2日間、野営地を取材した。翌5日は前日とは全く別の不法移民の集団が留め置かれていて、およそ100人のうち半分を中国人が占めていた。

単一の国から来たという意味では中国人が最大の集団だった。いったい中国人がはるばるアメリカの南部国境までどうやってたどり着いたのだろうか。

初日に会った山東省の一家に40日余りの詳しい旅路を振り返ってもらった。

2023年12月21日、まず中国人が査証な

して入れるタイへ
▼その後、トルコを経て空路、エクアドルへ飛んだ。この当時、エクアドルも中国人は査証が不要だった
▼南米大陸に着いた後は車でコロンビアへ移動
▼海岸の町ネコクリから船で南北米大陸を結ぶ「ダリエン地峡」の突端に上陸
▼熱帯雨林を2日半かけて歩き、パナマの内陸部にたどりつく
▼車でメキシコへ。アメリカとの国境の町ティフアナで密入国請負業者「蛇頭（スネークヘッド）」と接触し、その手配で国境の「壁」の抜け道に案内してもらう
▼2月4日早朝、抜け穴から国境を越え、アメリカへ――。

なぜ中国人がわざわざ海を渡り、メキシコからアメリカ南西部の国境をめざすのか。過酷な長旅は事故や強盗、詐欺に遭う危険を伴う。岩山で転んで左足首を骨折した中国人青年は「ようやくアメリカに着いた。本当にうれしい」と涙した。

「ティフアナの『蛇頭』に500ドル（約7万5000円）払った」。国境の「壁」の抜け道案内の費用を教えてくれた湖北省出身の27歳の男性によると、価格はサービスに応じて1000ドル程度の「高級」まで分かれ、500ドルは平均的な水準だという。

ある男性は「先のことは分からないが、春節（旧正月）をアメリカで迎えられてよかった」と話した。陰暦に基づくこの年の春節は2月10日だった。

野営地に一時拘束されていた中国からの不法移民の年齢層は30～40代が中心だった。子連れの家族も多かった。アメリカの国境にたどり着くまでにかかる費用は総額5000ドルほどが多いとみられる。一定規模以上の中国企業で働く人の平均年収の3分の1を超える大金をはたき、アメリカをめざした。

「マンションの販売員だった」。四川、福建、遼寧など中国の各地から来た人々に母国での職業を尋ねると、少なくとも5人は不動産業だった。福建出身の38歳の男性は「政府の規制強化でマンションが売れない。歩合給がなくなって月給は2000～3000元（約4万2000～6万3000円）に減り、生活できない」と語った。

四川省出身の40歳男性は「給料が上がらないから教育費が賄えない」とため息をつき、傍らの10歳の息子の顔を見た。日本のほうが中国に近くてよいのではと聞くと、「日本は中国人労働者の待遇が良くないから」と返された。

会話はすべて中国語で交わした。英語を話せる人はほぼいなかった。野営地に数人いた国境警備隊員もスペイン語は堪能だが、中国語はできない。次の行動の指示といった決まりきった内容を中国人のグループに伝えるときには、スマホの自動翻訳機能と読み上げ機能をうまく使っていた。

中国人グループにまじって長旅の苦労話を聞いていると、人懐こく向こうから話しかけられることも多かった。「自分たちがこれからどうなるか」について、私が何か情報を持っているのではないかと期待する人もいる。地元の村を仕切る中国共産党幹部がどれだけ横暴だったか、強いなまりの中国語で話す男性もいた。新型コロナウイルス禍での中国の行動制限の厳しさを愚痴る女性もいた。

それでも私が記者だと明かすと口をつぐみ、回答を拒む人もいた。取材に応じても録音は嫌がる人が多かった。

私が2日間話した彼らは、中国のどこにでもいる「普通の人々」だった。

「普通」というのは、政治的、思想的な背景が特にあるわけではなく、毎日のかつかつの生活に苦しみ、もう少しだけでいいから豊かで安定した将来への希望をつなぎたいと思っている人々、という意味だ。自力ではい上がるためには、国を捨てることもいとわない。そんな私がよく知る「普通」の中国人だ。

もちろん、強権体制による抑圧や迫害を逃れ、言論や信教の自由を求めて新天地をめざす中国人は間違いなくいる。だがアメリカ南部の国境に押し寄せる人の多くは、首都ワシントンで出会う中国のエリート層ではなく、私が中国に駐在していたときに全国のマンション建設現場などを回って出会った人々と変わらなかった。

外交問題評議会（CFR）の中国専門家イアン・ジョンソンに話を聞くと、「中国不法移民の大多数は経済的動機でやってくる」と語った。現地で得た実感もその通りだった。

そもそも富裕層であれば、こんな困難な道を選ばない。逆に本当の貧困層だったら、国外に逃れる余裕すらない。結局、普通の人々が危険を冒して人生を転回するチャンスに挑むのだ。

「中国は将来に希望がない」と嘆く中国伝統医学「中医」の医師だった男性。息子家族に伴われ「子や孫の未来のため、中国のすべてを捨てた」と話す元会計士の女性。アメリカの査証取得は「中国人に厳しく時間もかかる。待っていられない」（遼寧出身の女性）。いずれも中国でいう「老百姓（一般大衆）」だ。

「自分たちはキリスト教徒だ。信仰の自由を求めてやってきた」。経済以外の動機を口にしたのは最初に会話を交わした山東省の一家だけだった。

英語のrun（逃げる）と中国語の発音表記が同じ「潤（run）」を当て、「潤出去（逃げ出せ）」が彼らの合言葉だった。「中国の習近平《シージンピン》指導部は、中国経済は明るいと唱えている」と水を向けると、福建出身の男性は「それは外向けの宣伝。これが現実だ」と笑った。

中国の一般庶民は利にさとく、心の底では国家や政府を信用していないことが多い。日本人の目から見ると、国家や体制に見切りを付けるのが驚くほど早い。どこまでいっても個が主体で、信じるのは家族や親戚、親しい友人という身内だ。

善悪を超えた「たくましさ」に思わず笑う場面もあった。

野営地では毎日、地元のボランティアが水やパン、たき火用の薪、防寒着を配っていた。防寒着の支給は上着を持っていない人が対象だとボランティアが伝えるのだが、いままで着ていたジャケットをさっと脱ぎ捨て、素知らぬ顔で上着を配る列に並ぶ人もいた。気づけば中国からの移民はみな同じ黒い防寒着を着ていた。

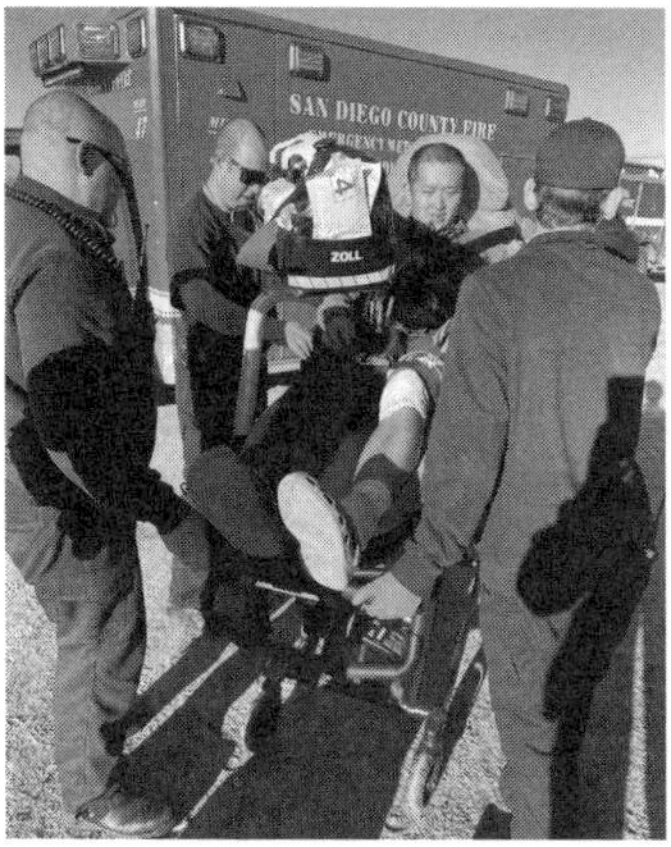

けがで搬送される中国からの不法移民
（2024年2月）

近隣に住む元ソーシャルワーカーでボランティアの中心人物カレン・パーカーによると、地域住民の中には不法移民を支援するカレンたちを快く思わない人もいるとのことだった。嫌がらせを受けたこともあるという。

なにしろ、国境付近のこの集落には５００人ほどの住民しかいない。そこに多いときで１日あたり６００人の不法移民が越境してきたのだから混乱するなと言うほうが無理

移送される不法移民（2024年2月）

だろう。本能的に感じる「恐怖」が住民間の亀裂を深めたといえる。

政治や宗教などの問題をめぐって母国で迫害された人しか難民として認められないのに、中国からの不法移民の中にはあっけらかんと経済的苦境を語る人もいた。

彼らにとって、その場で中国語を話す「外国人」は私だけだった。

野営地の現場にずっといると、通訳代わりにいろいろ使われた。おずおずと話しかけてきながら、あまり遠慮はしないのも中国人らしかった。国境警備隊への質問や陳情、ボランティアへの要望、救急隊へのケガの説明——。

彼らの傍らにしゃがみ込んでおしゃべりを続けると「あんた、私を連れて帰ってよ」

と冗談めかして話しかけてくる女性もいた。「日本人の私と一緒になってもアメリカの永住権は取れないよ」と返すと、「じゃあいいや」とあっさり振られた。

「習近平の時代になってから、いいことなんてないよ」。40代の元不動産販売業の男性がぽつりと漏らした「本音」が耳に残っている。

「アメリカ第一」の源流

「新鮮なサラダが食べられるのも、移民が農園で働いているおかげ。国境の壁なんてダメよ」。西部ネバダ州ラスベガス近郊の病院で働く50代のヒスパニック系女性、リズ・マルチネスはこう話した。20年ほど前に南部テキサス州から移り住み、共和支持から民主支持に転向したという。

彼女の主張は正しい。アメリカ農務省によると、農業労働者の10人に4人はアメリカで働く許可を持っていない。その割合は西部カリフォルニア州が最も高いという。もちろん、正規の手続きを経て働きに来る移民もいる。

一時的にアメリカの農場で働くことを認める査証「H－2Aビザ」の申請・承認件数が18年間で7倍以上に増え、２０２３会計年度に38万件近くに達した。それにもかかわらず、

中南米からの不法移民（2024年2月）

不法移民は減らない。移民なしにアメリカの農業は成り立たない。

しかも不法移民の多くは、アメリカ生まれの子供を持つ。アメリカ生まれの彼らは生まれながらに市民権を持つアメリカ人だ。ピュー・リサーチによると、2022年時点で18歳未満のアメリカ生まれのおよそ440万人の子供が不法移民の親と暮らしている。不法移民の総数は1100万人と推計している。

自動化や機械化、輸入による代替という選択がなかなかできない建設業界ではおよそ150万人の不法移民が働いているとされる。この業界の働き手の6人に1人だ。乾式壁の設置や骨組み、屋根ふきといった作業では3分の1近いという。

こうした現実は、有権者の「感情」を前にすると無視されがちだ。それほど、バイデン政権下の国境管理は混乱していたといえる。

査証の発給は厳しく制限しているにもかかわらず、バイデンは民主党内の急進左派に引きずられ、野放図に不法移民の越境を許した。

これに対する保守派の対抗策は強硬だっただけに、世論に受けた。メキシコ国境を抱えるテキサス州知事のグレッグ・アボットは不法移民をバスでニューヨークなどに送り込んだ。不法移民問題をリベラル層が住む大都市で「見える化」したのだ。

「人の家の裏庭」ではなく「自分の家の裏庭」に問題を持ち込まれたら、人はどう反応するのか――。不法移民をバスで大都市に送り込むアボットらの政治演出は狙い通りの効果を発揮し、トランプによる「不法移民を大量強制送還する」という公約が選挙戦で支持を集めるのに大きな役割を果たした。

ここまで長々と「不法移民」と「中国」について書き連ねてきたのには、わけがある。この2つが単なる選挙戦の争点ではなく、トランプが掲げる「アメリカ第一主義」のうねりを形づくる2つの源流だといってもいいからだ。

たとえば、激戦州の白人労働者層に支持を訴える際の話法には一つのスタイルがある。「あなたたちの雇用が奪われている」「あなたたちの安全が奪われている」というものだ。

トランプや保守派がその犯人として名指しするのが「中国」であり、「不法移民」である。

トランプは2024年9月、かつて製造業で栄え、いまは衰退した「ラストベルト（さびついた工業地帯）」である中西部ミシガン州デトロイトの郊外、ウォーレンで聴衆を前にこう訴えた。

「愚かで腐敗した政治家たちは、ミシガン州の労働者たちに、グランドラピッズやデトロイト、ランシング、フリントから雇用と工場が吸い取られ、遠く世界中へと送られるのを目の当たりにさせた。特に中国だ」

「移民犯罪者が我が国に存在している。殺人マシンだ。カマラ・ハリスは不法移民がアメリカ国内で犯した何万件もの犯罪に直接責任がある」

19世紀の「黄禍論」に似ているかもしれない。2001年の世界貿易機関（WTO）加盟で弾みがついた中国の経済成長と、不法移民の急増による治安の悪化をアメリカに対する「脅威」として並列、混在して語っている。

冷戦終結後の1990年代以降、東西の分断がなくなった経済のグローバル化に加えて、デジタル化という技術革新が急速に進んだ。経済構造が激変し、新たな産業や企業が勃興した。とはいえ、それまで組み立て工場で長年働いてきた人がすぐに新たな技能を身につけて、違う仕事に就けるわけがない。

時代の転換期に追いつけない人々はどんな傷を被るのか。マサチューセッツ工科大学（MIT）の経済学教授、デビッド・オーターらは2013年の論文で「控えめに見積もって中国からの輸入増は1990〜2000年のアメリカ製造業の雇用減少の16％、2000〜2007年の減少の26％、この全期間の減少の21％を説明する」と結論づけた。

競争に敗れた産業や企業は衰退し、時代の変化に取り残されたと感じる人々の集団を生んだ。アメリカでいえば製造業の集積地だった中西部「ラストベルト」だ。そんな人たちの不満を吸い上げ、怒りをあおる政治が広がる土壌となった。

では、彼らを置き去りにした世界はどこに向かっていたのか。旧ソ連を中心とする社会主義体制が崩壊した後の1990年代、「資本主義＝市場の勝利」という理解が世界に浸透していった。中国でも鄧小平が改革・開放路線を推し進めた。

旧ソ連の崩壊後の1993年に初めてアメリカ大統領となったビル・クリントンはこの時代の「市場の勝利」という機運を象徴していた。左派を包含する民主党政権であるにもかかわらず、それまで保守派のものだった新自由主義による経済政策運営を引き継いだ。自由貿易を追求し、中国のWTO加盟も支援した。

そのクリントンは1993年当時の日本の首相、宮澤喜一に中国に関する見解を問うている。宮澤は「当分の間、中国は脅威になることはない。五輪を招致しようとしているので、平和主義が貫かれていくと思う」と答えたうえで、こう続けた。
「中国経済が発展していけば軍事的野心を発揮していく余地は十分ある。中国の生活水準が高まるにつれて民主主義が定着していくとの説があるが、自分は懐疑的だ。鄧小平の存否にかかわらず、これまでのところ中国が民主化しつつある兆候はなんらない。中国は当分、脅威ではないが、そうなる可能性を秘めている国だ」

21世紀、アメリカと世界は宮澤の予言通りの現実に直面している。

クリントンが民主党の大統領でありながら「大きな政府の時代は終わった」と宣言したように、このときは冷戦勝利の高揚感が続く保守派優位の時代だった。しかし、その保守の勢いに乗って2000年選挙に勝利して成立した共和党のブッシュ政権（第43代）は、出口の見えない対テロ戦争の泥沼に入り込んでしまった。

長い戦争に疲弊したアメリカ人が2008年に選択したのが黒人初の大統領、バラク・オバマだった。軌を一にするように、オバマの対極に位置する右派から、小さな政府を求める「ティーパーティー運動」が勢いづいていく。こうした草の根の保守運動は反オバマの運動であるとともに、「ワシントンの既得権層の一部に成り果てた共和党エリート」に対する反抗でもあった。

その流れの末にトランプ主義が台頭する。「MAGA」が叫ぶアメリカ第一主義は言葉のうえでは「強いアメリカ」をうたう。実際には国際社会でアメリカの果たす役割や責任には無頓着で、世界での介入を極力減らす孤立主義の色彩を帯びる。完全に孤立主義に陥るというよりも、これまでの国際秩序や規範といったものをほとんど顧慮せず、世界にいつ、どのように関わるかについての条件を一方的に再定義しようとしているというのが正確ではないだろうか。

国内に対するメッセージとしては、アメリカが国外に積極的に出て世界秩序を築くのではなく、世界から国内に入ってくる異物を防ぎ、彼らの心の中にある「古き良きアメリカ」のノスタルジーに訴えることが「強さ」だと考えている。

トランプが掲げるアメリカ第一という内向きの「主義」は、冷戦終結後から21世紀初めにかけて、アメリカが強烈に自信をみなぎらせ、そしてその自信が急速にしぼんだ時代の揺り戻しのなかで浸透した。現状に不満を抱く人々の怒りをあおり、不安をかき立てる物語。そこに登場する敵役が「中国」と「不法移民」なのだ。

漂着の地、ニューヨークへ

ニューヨーク市内の最も東、ロングアイランドの西端に位置するクイーンズ地区。大リーグのニューヨーク・メッツの本拠地であるシティ・フィールドやテニスのUSオープンが開催されるUSTAビリー・ジーン・キング・ナショナル・テニス・センターがあることで有名だ。

そのほど近くに巨大な華人コミュニティー、フラッシングがある。

英語が話せなくても、フラッシングでは生きていける。食事も仕事も買い物も問題ない。中国語さえできれば生活できる。メキシコと接する西南部国境を越えてアメリカに入る不法移民のうち、中国人の漂着地の代表格となっている。

「中国が合衆国の法律と国際規範を軽視していることは、査証や在留資格に違反してオーバーステイし、合衆国からの最終的な退去命令を受けたおよそ4万人の中国国民の返還への協力を拒否していることからも明らかだ」。アメリカの国土安全保障省が報告書で中国を指弾したのは2022年夏のことだった。

正式な渡航手続きをすっ飛ばし、在留資格の取得もせずにアメリカに渡ってきた中国人の集団をカリフォルニア州南部の国境地帯で取材した私は、次の取材先として彼らの「漂着先」を選んだ。中国に赴任していたときに出会った「普通の人々」と変わらない彼らは、特別な技能や知識を身につけているわけではない。単に母国での生活が苦しいという動機ではアメリカへの滞在や就労は認められない。アメリカのどこに行き着き、どうやって生

ニューヨークの華人コミュニティー、フラッシング（2024年2月）

活を営むのか。私はフラッシングに向かった。

そこで会ったのは、２０２３年4月下旬にメキシコから国境を越えて南部テキサス州入り、フラッシングに移り住んで10カ月がたっていた福建省出身の女性、王美恵(仮名、30歳)だった。

彼女はアメリカに渡る2年前に入信したキリスト教の信仰を理由に亡命を申請した。「アメリカに行きたくて、２０１８年にオハイオ州の大学に留学しようと査証を申請した。だけど2回申請して2回却下され、諦めた。私は結婚もしていないし、故郷に後顧の憂いもない。思い切って査証なしで越境する道を選んだ」

キリスト教信仰という宗教上の理由を挙

げながらも、おしゃべりを続けていくと「経済が原因。生活が苦しかった」と本音を漏らした。なんとか地元の大学を卒業して企業の経理部門に職を得たものの、月給は1万元（21万円弱）ほどだったという。いまどきの中国人らしいな、と思ったのは、生活が苦しいにもかかわらず、なけなしの資金と借金でマンションを買ってしまっていることだ。

「購入したマンションの住宅ローンの返済は毎月4000元以上だった。さらに3000元ほどは外貨購入の形で貯蓄に回した。いつもお金は足りなかった。とはいっても、もっと稼げる見込みもなかった」と打ち明けた。

美恵のアメリカへの道も多くの中国人の不法移民と似通っていた。中国人が査証を取得する必要のないエクアドルへと香港から飛び、南北米大陸を結ぶ「ダリエン地峡」の熱帯雨林を3日かけて踏破してメキシコまでたどりついた。

節約のために旅程を基本的に自分で手配する「DIY」を選んだと話した。「渡航にかかった費用は全体で3万元強と低めだった」と話す。メキシコから国境を越えてテキサス州に入った。そこでアメリカの国境警備当局に2日間拘束された後、すぐニューヨークのフラッシングに移り住んだ。

フラッシングはマンハッタンに古くからあるチャイナタウンとは別に、1960年代後半から本格的に華人の街が広がった。7万人の華人が住むとされ、地下鉄の駅を降りると中国語の看板があふれている。美恵は英語が不得意だが、特に問題なく生活している。中華レストランで働き、月収は数千ドルになることもある。

「朝から夜まで長時間、ずっと働いているけど、中国にいたときも会社と家を往復するだけの毎日だった。いまはいろんな人に会えるし、生活の質は上がったと思う」。新型コロナウイルスの感染を封じ込めようと習近平指導部が人々の生活を厳格に管理した「ゼロコロナ」政策と、不動産市況の低迷によって中国から海外への脱出を探る中国人が増えたと感じると語った。

これからアメリカでどうやって暮らしていきたいのかと尋ねると、アメリカに到着した直後の2023年6月、彼女は信仰の自由を理由とする亡命を申請したという。制度上、人種や宗教、国籍、政治上の意見などを理由に母国で迫害を受ける恐れがあれば、アメリカに亡命を申請できる。移民問題を所管する裁判所が亡命申請の審査を終えるまでの間は人権保護の観点からアメリカで暮らすことができ、働く道も開ける。審査手続きは数年かかる可能性もあり、中国人に限らず、正式に査証を取得せずに越境してきた人々の多くが亡命を申請しているのが現実だ。

美恵によると、キリスト教に入信したのは2021年だという。アメリカに渡るわずか2年前のことだ。本人は「家族で信仰している」と説明していた。ところが、私が「中国では18歳未満の宗教活動には制限があるね」といった中国の宗教政策について尋ねても「私は20代になって入信したから分からない」と返すだけで、十分な知識があるとは思えなかった。最初に亡命申請について相談した弁護士には依頼を受けることを断られ、2人目の弁護士を探してようやく実現したと話していた。私が彼女に会った2024年2月の時点で審査日程はまだ決まっていなかった。

シラキュース大学がまとめている移民裁判所の申し立て記録のデータベース「TRAC」によると、移民裁判所で処理できていない亡命申請は2024会計年度（2023年10月～2024年9月）に110万件を超えた。100万件台だった前年度からさらに増えた。

フラッシングの移民支援に携わっている牧師のマイク・チャンは「いまの中国からの不法移民の潮流はほとんどが経済不況、政治不安、コロナ禍後の社会変化が引き金となっている。彼らは母国に希望が持てないと感じている」と指摘した。

2024年2月初め、南部メキシコ国境を越えてアメリカに不法に渡ってきた中国遼寧省出身の男性がこう話していた。「今年はアメリカの大統領選挙があるだろ。トランプが勝てば、国境を渡るのは難しくなるかもしれない。だからいまのうちだと多くの人が考えている」

大統領に就任する2カ月前、トランプは中国に10％、メキシコとカナダに25％の追加関税をかけるとぶち上げた。その理由に挙げたのが「違法薬物と不法移民」の流入だった。メキシコ側の南部国境での取り締まりが厳しくなった2024年半ば以降、カナダ側の北部国境を越えるインド系などの不法移民が増えていた。

1924年5月、アメリカで成立した改正移民法は東南欧からの移民を制限したほか日本人などアジア系を「帰化不能外国人」に分類し、排日移民法とも呼ばれた。それから100年がたった大統領選挙の年。新たに押し寄せる移民はアメリカ内部を分断するだけでなく、アメリカを内向きにさせる重力をもたらしていた。

川建国同志

「中国が国際秩序の変革を試みていると言う人がいるが、いま現実に秩序に逆らい、取り決めを破り、欧州に日々、寒けを催させている国がある」

中国共産党政治局員兼外相の王毅《ワンイー》は2025年2月14日、ドイツのミュンヘンで開かれた安全保障会議で演説し、「アメリカ第一」を押しつける「トランプのアメリカ」を強烈に当てこすった。

「内向きに傾くアメリカ」を戦略上の最大の競争相手である中国はどう見ているか。中国のネット社会で目にする「川建国同志」という言葉がある。

トランプ（Trump）を中国語で表記すると「特朗普（Te Lang Pu）」が通常だが、「川普（Chuan Pu）」とも書く。「川建国」とは「中国建国に値する恩恵を与えてくれるトランプ」との意で、「同志」という敬称をつけて逆に嘲笑している。2016年大統領選のころに見かけた言葉が再び登場した。

ウクライナに対する支援の縮小など、トランプが国際秩序を主導する盟主としての立場を軽んじる発言をするたびに、この言葉が発する高笑いが聞こえるようだ。

社会の分断とは関係なく、国家としてスパイや犯罪者の浸透を防がなければならない現実が間違いなくある半面、アメリカと中国はどちらが世界からの信望を集められるか、常に競い合っている。影響のおよぶ勢力圏の拡大を競う戦いだ。トランプ自身は2国間での取引で相手を押し切ることにしか関心がないのだが……。

アメリカが内向きの姿勢を強めるなかで、中国は自らの体制を守るための目や手を強引にアメリカ国内にまで伸ばすこともいとわない。その一端を紹介する。

2024年春、アメリカ国籍のジョーイ・シウ（邵嵐）に会った。彼女は「殺害予告や嫌がらせが続いている。中国の弾圧が国境を越えて広がっている」と訴えていた。前の年の年末、香港警察当局から香港国家安全維持法（国安法）違反の容疑で指名手配され、100万香港ドル（約1900万円）の懸賞金をかけられた。

ジョーイは1999年にノースカロライナ州で生まれた。幼いころに移り住んだ香港で学生時代に民主化運動の中心人物の一人となった。2020年6月末の国安法の制定・施行に伴って香港を離れ、その後はアメリカの首都ワシントンで暮らす。

「親北京派から殺害予告や嫌がらせを受けている。懸賞金をかけられた直後は7日連続で『おまえを捕まえにいくぞ』といった脅迫を受けた」という。身の安全を守るため、連邦捜査局（FBI）に定期的に相談している。

香港で民主化運動に身を投じたときから脅迫や嫌がらせは日常だった。身分証明書の番号、家族の電話番号、メールアドレスなどの個人情報がインターネット上にさらされ、「中央情報局（CIA）のスパイ」という偽情報の標的になった。

「香港人に限らず、チベット人、ウイグル人、台湾人、中国本土の反体制派、みなが国境を越えた弾圧に日常的に直面している」。ジョーイはアメリカで暮らすいまも中国側の監視を実感していると話していた。

そんなジョーイが懸念しているのはアメリカの分断が民主主義におよぼす影響だ。帰国して間もない2021年1月、連邦議会占拠事件が起きた。議事堂付近に住んでいたため、鳴り響くパトカーのサイレンを聞いた。「中国共産党に自由や権利を奪われ、香港を追われた私の目に、民主主義を当然視して積極的に守ろうとせず、逆に破壊しようとしているアメリカの姿が映り、とてもとても失望した」

民主活動家ではない「普通の若者」も監視の目におびえる。2023年5月、夏休みを控えたアメリカの大学に通う中国人留学生たちと会った。新型コロナウイルス禍の移動制限が緩んで久しぶりの帰郷を予定する留学生たちが語ったのは、帰郷への期待よりも、拘束される危険への不安だった。

「帰郷前に写真、動画、SNS（交流サイト）の書き込み、すべて削除する。注意をひきそうなアプリも消す。『記録に残すな』が僕たちの常識になった」。ワシントンの有名大学で国際政治を学ぶ李凱（仮名）はこう話した。

生まれ育った中国内陸部の都市に3年前に里帰りした際はそこまで用心しなかった。中国の公安当局に留学生一人ひとりの言動をチェックするほどの余裕があるとは凱も思っていないが、「いまの政治状況では安全策を採るに越したことはない」。

中国ではスパイ行為の摘発対象を広げる改正反スパイ法がこの年の7月から施行されることになっていた。このころ、日本の大学に留学中だった香港の学生が帰郷の際に逮捕された事件も表面化した。SNSの投稿を当局が問題視したもようだ。「入国時にスマホの中身を検査される可能性を常に考えている」と凱は話した。

香港出身の同級生、陳琳（仮名）も身構えていた。２０１９年の香港の大規模デモは国安法の施行で抑え込まれたため、琳は「２０１９年以降のＳＮＳの投稿やリンク先情報はすべて削除した」。

２人が特に気にしたのが通信アプリ「テレグラム」だ。もともとロシアの技術者が検閲に対抗するために開発し、中国やロシアの反体制派メディアや市民が好んで使う。凱や琳に反体制の意図があるわけではない。中国で育った彼らにとって情報や相手によってアプリやデバイスを使い分けることは身についた習慣だ。

親との連絡は中国の対話アプリ「微信（ウィーチャット）」を用い、仲間内で「ゼロコロナ政策」を批判する際はテレグラムを使う。凱は「スマホにテレグラムのアプリがあるだけで当局から目をつけられかねない」と警戒した。

アメリカ留学中、彼らが特に気になるのは同胞の目だった。「各大学に中国人留学生・研究者の『団体』があり、そのメンバーが留学生の言動をチェックし、当局に報告するといわれている。少なくとも僕たちはそう信じている」と凱は語った。

琳も「ワシントンで政治的な集まりに行くと、参加者の写真を撮っている人がいる。だからいまでもマスクを着けるのが習慣だ」と話した。２人の実感では「団体」メンバーは留学生全体からみれば少数派だが、中国大使館との結びつきは強い。

どんな言動が越えてはいけない一線となるのか。「基準をあえて明確にしないのが当局の戦術」と凱。琳も「無作為に拘束している面がある。『我々はあらゆる場所でおまえを見ており、技術的にはいつでも逮捕できる』と脅すために」と言う。「その結果として私たちは自己検閲に陥る。当局は少ない資源で統制を強めることができる」。2人はこう口をそろえた。

琳は香港に戻って生活するつもりはない。「香港の大学にいる友人によると、あるクラスは20人の卒業生のうち19人が海外に進路を決めた」と言う。凱は「以前は外交官か公務員になりたいと思っていたが、アメリカで学ぶうち体制内から国家を変えていくというのは幻想だと思うようになった」と打ち明けた。

ではアメリカが彼らを懐深く受け入れるかといえば、査証や在留資格を正式な手続きで得ることは簡単とは言い難い。分断されたアメリカ社会は外に開かれてきた門戸をさらに狭めることはないのか。

2022年に急逝したアメリカ政治学者、中山俊宏は「アメリカの対外行動は狭義に定義された国益に基づいては説明できない余剰部分が常に残る」と指摘していた。アメリカが人権や民主主義といった価値を対外行動の根拠として持ち込むからであり、それがアメリカに固有の「使命的民主主義」を成り立たせている、と。

まさにその「余剰部分」は、時に他の国にとって迷惑な矛盾を引き起こす「暑苦しさ」である半面、憧れの地としてのアメリカを魅力的に見せてきた「懐の深さ」そのものだろう。ところがいまのアメリカは様々な亀裂によって分断され、右派はアメリカ第一を叫び、左派は国内の社会正義をめぐる闘争に傾注している。内向きに傾斜するアメリカの「懐」は浅くなる一方に思えてならない。

MAGA内紛の火種にも

「南アフリカに帰るべきだ。地球上で最も人種差別的な白人の南アフリカ人がなぜ、アメリカで起きていることに何でもかんでも口を挟むのか」

「彼は本当に悪人だ。以前は彼が多額のお金をつぎ込んでくれたので私は我慢するつもりだったが、もうしない」

スティーブ・バノンは「イーロン・マスクを追い出すつもりだ」と言い切った。トランプがホワイトハウスに戻る直前の2025年1月、イタリアのコリエレ・デラ・セラ紙のインタビューに答えた。

バノンはトランプの第1期政権で首席戦略官を務めた。トランプの盟友、腹心といわれながら、いまでは距離もあるが、2021年1月の連邦議会占拠事件に関する議会証言を拒んだために議会侮辱罪で服役までした。「MAGA」と呼ばれるトランプ支持者、強硬保守の人々の中でバノンの人気は依然として高い。

バノンは「私は筋金入りのポピュリストであり、筋金入りのナショナリストだ。私は保守派ではない」と自称する。そしてマスクらトランプ政権の中枢に入り込んだ巨大テック起業家を「寡頭政治家」「テクノ封建主義者」と呼ぶ。

「テクノ封建主義」はギリシャの元財務相、ヤニス・バルファキスの著書にちなむ。巨大テック企業は人工知能（AI）をはじめ高度に進化し続けるテクノロジーを駆使して世界中のユーザーを「領地」に囲い込み、ユーザーはサービスを利用する代わりに「農奴」のように個人情報をタダで提供し、「領主」である巨大テック起業家に巨万の富をもたらす――そんな意味が込められている。

「筋金入りのポピュリストでナショナリスト」のバノンがトランプの「第1の相棒」となったマスクを攻撃の標的にしたきっかけは、ITなど専門性を持つ外国人を対象とする就労査証（ビザ）「H－1B」の扱いをめぐる対立だった。

トランプが2024年12月、新政権のAIに関する政策顧問にインド系の投資家、スリラム・クリシュナンを起用すると発表した。クリシュナンはその直前、専門性を持つ移民の

トランプの「盟友」、スティーブ・バノン（2023年3月）

受け入れを拡大するよう主張していた。

これにかみついたのがトランプに近い極右のインフルエンサー、ローラ・ルーマーだった。「アメリカ第一主義の政策に反する見解で、憂慮すべきだ」と異論を唱えた。この発言がH－1Bビザをめぐるトランプ支持層内の内紛に発展した。

トランプは正規の手続きを経ずに国境を越えて入ってくる「不法移民」の強制送還を公約にしてきた。とはいえ、移民そのものを排斥しては、移民国家であるアメリカの社会も経済も立ちゆかなくなる。

ルーマーの発言に即座に「宣戦布告」したのがマスクだった。X（旧ツイッター）に「アメリカには超才能があり、やる気満々のエンジニアが少なすぎる」と書き込んだ。

さらに「アメリカを強くしたスペースXやテスラ、その他数百の企業を築いた多くの重要人物と共に私がこの国にいるのは、H－1Bビザのおかげだ」と主張した。南アフリカ移民であるマスクもかつてH－1Bビザを保有していたという。

ルーマーも黙っていなかった。マスクに対して「毎日奴隷のように働いているアメリカ生まれの人はどう思うだろうか。軽蔑されていると感じる」と反論。これにバノンも加勢し、H－1B擁護論を「詐欺」と切り捨てた。

トランプはニューヨーク・ポスト紙に「H－1Bビザは素晴らしいプログラムだ」と語り、事態の収拾を図った。マスクに軍配を上げたかのようにもみえるが、トランプは2016年には「H－1Bは海外から輸入された一時的な外国人労働者」「安価な労働力プログラムとしてのH－1Bの使用を永久に終わらせる」と主張していた。

強硬な保守層ほど厳格な移民規制を求める感情が強いだけに、支持層の動向次第でトランプがどちらに転ぶかは分からない。移民問題はアメリカを分断する争点というだけでなく、トランプ支持層の内紛の導火線に火をつける火種だ。

理数系の才能に恵まれた外国生まれの人材にとって、H－1Bビザはアメリカ行きの最短ルートの切符だ。

とはいえ、かなりいびつな制度でもある。H－1Bビザの年間の新規就業者数は8万5

000人に制限されているのに対し、申請は47万件以上ある。抽選によって選抜する「公平」な制度だが、ITエンジニアのアウトソーシング企業が大量申請し、ビザの枠を獲得していくのが実情だ。ビザ保持者の7割超をインド系が占める。

企業が人材確保へビザ取得を支援することになり、最も多いアマゾン・ドット・コムは2024会計年度に9265件分のH－1Bビザのスポンサーとなった。テスラは22番目に多い1767件だった。

バノンは「テクノロジー封建領主」が制度を乱用していると糾弾している。西海岸のシリコンバレーは世界から優秀な人材をひき付けてアメリカの競争力を高めている。これに対してMAGAの人々は「テック系の企業は安価な外国人労働力に依存している。アメリカの労働者に仕事が回ってくるわけではない」と主張する。

外国人労働者の受け入れ問題について、バノンはこう言う。「アメリカの経済を取り戻すための中心となる部分だ」

共通の物語はどこへ

およそ250年前に建国されたアメリカはいわば、いまだに建設途上にある国家だ。理想の国家像に向けて突き進む共同作業に参加する意識を共有できるか。それがアメリカ人であることの条件だろう。

ことあるたびに星条旗を掲げ、忠誠の誓いを暗唱し、国歌を斉唱するのも、その意識の共有を確認する手続きが必要だからだ。古くから続く言語文化が根づく「村」の上に国家をつくり、「言わずとも分かる」という日本とはおのずと異なる。

私たちは幸運にもこの世界に命を受け継いだ個が集まり、社会や国を形づくっている。物書きを仕事とする端くれとして考えると、人が古来、言葉を紡いできた「物語」は、私たちが記憶や意識を共有し、バラバラな立場にある個をつなぐためにあるのだと思う。「物語」を共有することで私たちは互いを理解するようにもなる。移民国家アメリカにいると、そんなことを考える場面にふと出くわす。

たとえば、首都ワシントンの中心部にはウクライナ語文学の始祖とされるタラス・シェフチェンコの像が立っている。ワシントンの玄関口であるユニオン駅の近くに行けば、旧ソ連時代の1930年代にスターリンが引き起こしたウクライナの飢餓による大量死を悼む「ホロドモール記念碑」を見ることもできる。

いくら内向きに傾いていても、アメリカでは内政と外交が地続きで連なる印象を受ける。実際に「アメリカ人だけどロシア人」「アメリカ人なのに中国人」といった人々を集団として内包しているのがアメリカの社会だからだ。

「アメリカ生まれなのに、第一言語はウクライナ語だった」。2022年春、東部ペンシルベニア州フィラデルフィアで会った30代前半のミコラ・コシクはこう話した。1カ月後にウクライナ西部出身の女性との結婚を控えていた。

ミコラ自身はウクライナ移民3世。ロシア革命やナチスドイツによる占領など激動のたびにウクライナから新天地をめざす移民の波が起き、欧州に近いアメリカ東海岸や工業地帯を中心にウクライナ系住民は100万人を超えた。バイデン政権の国務長官、アントニー・ブリンケンの祖父もウクライナ移民だ。

ミコラより1世代上で建築業を営むアンドリュー・コザクは、ロシアの侵略を受けたウクライナを民主党政権が支援した点は評価しつつも、内政運営に話がおよぶと批判が止まらなかった。老いても働き続けた移民1世の両親を思い出すと「仕事に行かない人まで政府が支援する民主党の政策はおかしい」と思うからだ。

移民国家アメリカの人口動態の変化はダイナミックだ。1990年に75％を占めた白人（ヒスパニックを除く）の比率はすでに60％を下回り、2045年には50％を割り込む見通しとなっている。人種による出生数や死亡率の差に加え、「新たな移民」が増えていることが背景にある。

フィラデルフィアで会った30代のウクライナ系男性（2022年4月）

たとえば私の友人の北京生まれの夫婦は、私がワシントンに赴任している期間に中国籍を離れ、アメリカ国籍を取得した。夫は博士号を持つ化学者で研究機関に勤めていたが、私の目から見ればかなりあっさりと研究の道を捨て、妻が経営するチョコレート店の経営に加わることを決めた。

ワシントンに数多くある屋内駐車場で働いているアフリカ系の人々の多くは、エチオピアやエリトリアなどから移住してきた「移民1世」だ。ウーバーに乗ると、イランやアフガニスタンといった国々からの「移民1世」の運転手と頻繁に出会う。

「新たな移民」と「古くからの移民」の関心は異なる。「新たな移民」の中には母国で高学歴を修めながらも政情不安などを理由にアメリカに渡ってきた人も多い。このため第一の目標はまずアメリカで懸命に働き、成功の土台を築くことだ。

2024年10月、大統領選の直前に取材に訪れた南部ジョージア州のアトランタ東郊にあるクラークストンという町でも、「新たな移民」と「古くからの移民」の意識の溝を感じた。

このとき、民主党の大統領候補ハリスはこの町の地元の高校のフットボール場を使って政治集会を開いた。サミュエル・ジャクソン、スパイク・リー、タイラー・ペリー、ブルース・スプリングスティーン、バラク・オバマ。俳優、映画監督、脚本家、大物歌手、元大統領とスターが勢ぞろいし、この日の集会でハリスの前座を務めた。

『グレイス』の監督や『バイス』への出演で知られるタイラー・ペリーが登壇したときが実は最も盛り上がったかもしれない。

「我々アメリカ人はキルトだと理解している候補を支持することが私にとって重要だ。アメリカをシーツにしたい候補を決して支持することはできない」。ペリーが人種やルーツの多様性こそアメリカだと語りかけると、私の横で杖をついて立っていた高齢の黒人女性は「タイラー、最高!」と叫んで涙ぐんでしまった。

会場にいた50歳の黒人女性シェリーは「投票は個人のもの。誰に投票したか、他の人に知られることはない。夫やボーイフレンドが何を言おうと気にせず、女性は信じる人に1票を投じるべき」と力説した。奴隷としてアメリカに連れてこられた祖先を持ち、公民権運動で平等を勝ち取った彼らには共通の「物語」がある。

一口に同じアフリカ系といっても、「新しい移民」には温度差があった。会場周辺にはエチオピア系の教会やレストラン、アフリカン・スーパーマーケットが数多くある。地元の人によると、エチオピアやネパール、インドなどからの比較的新しい移民のコミュニティーが集積している地域だという。

その一人、エチオピアからの移民だという32歳の自営業、エブラヒムはこう話した。「ハリス支持の盛り上がりは正直、2020年選挙のレベルに追いついていないと思う。特に男の反応がイマイチだ。結局、俺たちは経済に関心がある。物価が高すぎるし、住居費も高すぎる。クレジットカードばかり使っている」。その友人、キースもこう語った。「ハリスはトランプに比べて弱いイメージを持たれている」

アメリカに移り住んできて日が浅い新しい移民たちの関心はとにかく経済に集中している。アメリカという新天地で家族を豊かにし、子供に良い教育を受けさせ、自分も「成功者」の仲間入りをしていく。典型的なアメリカンドリームを追いかけている。そうした人々と、すでにアメリカ人として何代も暮らし、アイデンティティーや一族のルーツに関する問題に意識を傾けている人々を「アフリカ系」「ヒスパニック」といった言葉でひとくくりにするほうが無理なのは、容易に想像できるだろう。

２０２０年にトランプから政権を奪還したジョー・バイデンは「中間層（ミドルクラス）のための外交」を掲げた。この概念を提唱した中心人物の一人がバイデンの国家安全保障担当補佐官を務めたジェイク・サリバンだ。

サリバンは国務長官を務めたヒラリー・クリントンの知恵袋として長く働き、２０１６年大統領選ではヒラリー陣営の上級政策顧問を務めた。ところが大本命と思われていたヒラリーはトランプに敗北する。

サリバンを含めた２０１６年の民主党の敗北の経験が「中間層のための外交」という概念を編み出した。カーネギー国際平和財団の事業でサリバンら外交専門家がネブラスカ州やコロラド州などに実地調査に出向き、有権者と外交政策との関係について考察を重ねた。

サリバンがオハイオ州で「リベラルな国際秩序（liberal international order）」の重要性を訴えると、有権者がこう言ったという。「リベラルな国際秩序が何なのかよく分からないが、その３つの単語はどれも好きじゃない」

サリバンは「オバマ政権時代にホワイトハウスのシチュエーションルーム（機密・軍事行動を指揮する作戦司令室）にいたとき、これがアメリカの労働者やその家族にとって何を意

民主党集会で演奏するブルース・スプリングスティーン
（2024年10月、ジョージア州クラークストン）

味するのかと問うことはほとんどなかった」と述懐する。

アメリカという国が世界で果たす役割について新たな物語をつむごうとする試みだった。なぜ中国と競争しなければならないのか、なぜロシアに侵略されたウクライナを支援するのか。しかし、「中間層のための外交」というメッセージがバイデン政権の4年間でアメリカ人の心に十分浸透したとは言い難い。

お互いをつなぐ「物語」がぼやけたまま、バイデンは再選を断念し、大統領選の投票日まで3カ月半しかない時期にハリスの登板が決まった。ハリス民主党はそれぞれを半ば強引につなぐ共通の「物語」として、セレブの存在に頼った。

そして２０２４年10月、ジョージア州クラークストンの集会で頼ったのは、伝説の歌手ともいえるスプリングスティーンだった。ギターとハーモニカで『The Promised Land』『Land Of Hope And Dreams』『Dancing In the Dark』の3曲を演奏した。

世界的に有名な歌手の登場にもかかわらず、黒人の多い会場は盛り上がりを欠いた。おしゃべりを続けたり、あくびしたりする黒人やヒスパニック系の若者グループもいて、20歳の黒人女性は「何という曲か知らない」と素っ気なく話した。

ワシントンに戻ってこのときの様子を欧州出身の旧知の大学教授に話すと、こんな感想が返ってきた。「民主党の集会は大学の講義のように聞こえるときがある。集まった支持者は単に熱狂して騒ぎたいだけなのに」。アメリカ人をつなぐ共通の物語がますます見えなくなっている。

強制排除、武器は18世紀製

「政権復帰の初日、私はバイデン政権のあらゆる国境開放政策を終わらせ、ギャングや麻薬密売人をアメリカから排除するため、『敵性外国人法』を発動する」

２０２４年の年頭、ドナルド・トランプは中西部アイオワ州の地元紙に寄稿し、不法移民の排斥を訴えた。共和党の大統領選予備選の初戦、アイオワ州党員集会が開かれる直前だった。

「敵性外国人法」とは200年以上の歴史を持つ古びた現行法だ。トランプはその後も選挙集会でたびたびこの法律に触れ、「ずいぶん昔のものだ。国を安全にするために大統領に絶大な権限を与えている」と宣伝してきた。

1798年に制定され、戦時下に侵略や略奪を受ける恐れがある際、大統領が敵国人を逮捕、拘束、国外追放することを可能にする法律だ。

トランプの1期目の政権で移民政策を手掛け、第2期で政策・国土安全保障担当の次席補佐官に起用されたスティーブン・ミラーは当時、政権運営のために準備している措置はすべて既存の法令に依拠しているとアメリカメディアに明かしていた。

時間も労力もかかる新たな立法は避け、過去の遺物と指摘されながら、いまも有効な制度の「乱用」に発想が傾いていた。トランプは繰り返し「不法入国者が我が国を侵略している」と公言し、不法移民を強制排除する布石を打ってきた。

1792年の法律を源流とし、1807年に制定された「反乱法」の乱用も懸念されている。アメリカは主に警察や州知事の指揮下にある州兵が国内の治安維持にあたるが、大統領の権限で暴動鎮圧のために「反乱法」を発動すれば、連邦軍を投入できる。ブレナン司法センターによると、過去に30回ほど発動された。

1957年には公立学校での白人と黒人の分離教育を違憲とする最高裁判決に背き、アーカンソー州知事が州兵を使って黒人生徒の登校を妨害したため、当時の大統領、ドワイト・アイゼンハワーが陸軍第101空挺師団を派遣して黒人生徒を守った。次の大統領のジョン・F・ケネディも同様の措置で黒人生徒を保護した。

トランプの発想は1950〜1960年代の大統領とは異なる。2020年6月、白人警官による黒人男性暴行死を引き金に拡大した抗議デモへの対応をめぐり、反乱法の発動も辞さない構えをみせた。トランプは当時、周囲に「足でも撃てばいいんじゃないか」と発言したと、トランプ第1期政権で国防長官を務めたマーク・エスパーが2024年4月にインタビューした際に話してくれた。

トランプの報復の矛先は、国内の政敵に向かう恐れが拭いきれない。そんなトランプに嫌気し、彼のもとから離れていった「裏切り者」も標的となる。

アメリカン大学の大統領権限の専門家、クリス・エデルソンは「反乱法は大統領に大きな裁量権を与えているが、それは大統領が責任を持って行動することを前提としている。トランプにその保証はない」と指摘する。

トランプは不法移民を「人間ではない獣」と呼び、「アメリカ史上最大の不法移民強制送還」を公約してきた。「人ではない」とみなした相手に人がどれだけ残酷になれるかは、これまでの歴史が何度も証明してきた。トランプは第1期政権のときの「国境の壁の建設」と同じく、目に見える「成果」を上げようとするだろう。

日本人にとっては「遠く感じる話」かもしれない。しかし、そうではない。たとえば「敵性外国人法」は第二次世界大戦中にルーズベルト政権が日系人を敵として扱い、強制収容した悲惨な歴史がある。そうした歴史を振り返れば、痛みをもって教訓をくみ取ることができるかもしれない。

「強制収容所に送られた私たちのうち3分の2はアメリカ生まれのアメリカ市民だった。私はそこで6歳から10歳近くまで過ごした」

生まれ故郷の西部ワシントン州シアトルからの立ち退きを命じられ、1942年夏からアイダホ州ミニドカの日系人強制収容所に移住させられたサリー・スドウが当時の様子を「語り部」として話す講演を聞いたことがある。

日本軍による真珠湾への奇襲攻撃の後、大統領フランクリン・ルーズベルトは「大統領令9066号」に署名した。この命令に基づき、アメリカ西海岸とハワイに住んでいた日系アメリカ人は「敵性外国人」とみなされ、強制収容所に送り込まれた。

特定地域を軍管理地域に指定する権限が陸軍長官と軍に与えられた。西海岸地域を担当した陸軍の将軍は「日本民族は敵性民族だ。イタリア人やドイツ人は、一部の個別事例を除けば心配する必要はない。しかし、日系人については地図上から消し去るまで、常に警戒しなければならない」と述べたという。

スドウはこの発言を紹介しながら「当時、私は幼稚園で毎朝、国旗への忠誠を誓うことから1日を始めた。誓いの言葉は『すべての人に自由と正義を』で結ばれる。空虚な言葉だった。私たちには当てはまらなかった」と話した。

1988年、当時の大統領ロナルド・レーガンは強制収容の歴史を公式に謝罪し、個人への補償も進めた。「Nidoto Nai Yoni（二度とないように）」がひとつの合言葉になった。にもかかわらず、この悲惨な歴史から十分に学んでいるとは思えない。

トランプは不法移民の強制送還を第2次政権の「一丁目一番地」の政策に据えた。全国の大都市で不法に入国した人々の大規模な逮捕に乗り出し、拘束する様子をSNSに動画配信したり、一部メディアに公開したりした。

サウスダコタ州知事から「トランプに自ら志願」して国土安全保障長官に就いたクリスティ・ノームは、移民・税関捜査局（ICE）など連邦政府の捜査当局が不法移民をニューヨーク市で逮捕する動画を自身のX（旧ツイッター）に投稿した。「こんなクズどもは私たちの街から排除され続ける」。ICEは恐怖の象徴となった。

その直前、殺人や暴行だけでなく、万引きや窃盗などの容疑で逮捕された不法移民についても連邦政府に拘束を義務づける「レイケン・ライリー法」が議会上下院で可決された。民主党議員の一部も賛成した。トランプは「私が第47代大統領として誇りをもって署名した最初の法律となった」と記者会見で胸を張った。

不法滞在中のベネズエラ人の男に殺害されたジョージア州の看護学生の名前をつけられた法案だ。男は以前に万引きで逮捕されていた。

不法移民による犯罪を厳罰に処し、新たな犯罪を抑止したいという思いは理解できる。正規の手続きを経ないで国境を続々と越えてくる不法移民に恐怖や不安、怒りを感じるアメリカ人が多くいることも想像できるだろう。

しかし、査証(ビザ)の発給や在留資格の条件といった正規の「入り口」をより大きく開くことなく、長大な国境の管理だけを厳しくし、アメリカで日々の暮らしを営む人々まで強制力で排除しようとすれば、すぐに限界にぶつかるだろう。

無理な力業で押し切ろうとし、人権がないがしろにされる不幸が相次ぐ懸念もある。アメリカに対する国際的な威信をさらに傷つける結果をもたらしかねない。

「我が国への侵略行為だ。かつて見たこともないような犯罪者が押し寄せている。私は法律の範囲内で対応するが、法律が許す最大限のレベルまで対応するつもりだ。保安官や法執行機関は支援を必要とするだろう。州兵も動員し、法律で許される限り、全力を尽くす」。トランプは大統領選の勝利後もこう繰り返した。

トランプはメキシコと接する西南部国境に「国家緊急事態」を宣言し、南米ベネズエラに源流があり、西部コロラド州などで犯罪に関わるギャング組織「トレン・デ・アラグア」や麻薬カルテルなどを「外国テロ組織」に指定することを決めた。3月には「敵性外国人法」を適用して「トレン・デ・アラグア」のメンバー数百人を国外に追放した。連邦地裁判事による一時差し止め命令を半ば無視し、公約実行に踏み切った。

多くの人が身構えるのは、アメリカの政策の大転換の影響がおよぶのは、「不法」とされる移民だけではないことが予感できるからだろう。

たとえば、国土安全保障省のアプリを使い、合法的に亡命を申請してアメリカに入国しようとしていた人たちも希望を断たれた。トランプの大統領就任とともにアプリは突如、機能を停止した。

ベネズエラなどからアメリカとの国境近くのメキシコ側の町ティフアナにたどり着き、2025年1月20日午後の面接時間を心待ちにしていた亡命希望者は、急に予約が取り消された。絶望に泣き崩れる女性の姿が報じられた。

「不法」を見逃していいとはいわない。それでも、無造作に人権を軽んじるような言動におよべば、たとえ大統領であっても批判にさらされる責任を負うべきだ。それこそが、自由と法の支配を共通の価値とする民主主義の本来の強みだろう。

ところが、いまのアメリカは違う。「不法移民が我が国の血を毒している」といったトランプの差別発言があまりにも繰り返され、多くの人が「トランプの言動にいちいち怒ることに疲れてしまった」(サウスカロライナ州キングスツリーの20代の黒人女性)。憎悪に対する「疲れ」と「慣れ」が広がってしまったように思う。

第4章

傲慢

秩序をねじ曲げる「暴君」の時代

民主制のもとでは、
民衆という階層は最も多数を占め、
いったん結集されると最強の勢力となる……
しかしこの階層の者は、
蜜の分け前にあずかるのでなければ、
あまりたびたび集まろうとはしない

プラトン（紀元前427〜前347年）
『国家』

神がかりへの陶酔

「物静かなトランプ」――。その登場の瞬間が最高潮だった。

中西部ウィスコンシン州ミルウォーキーで開かれた２０２４年の共和党大会。その開幕日である7月15日、２日前に東部ペンシルベニア州バトラーで銃撃を受けたばかりのドナルド・トランプが支持者の前に姿を見せた。すでに夜９時。会場の空気が一気に熱を帯び、文字通りぶわっと膨らんだ感じがした。

トランプは銃撃で負傷した右耳を白いガーゼで覆い、珍しく緊張した面持ちだった。支持者は「ＵＳＡ！ＵＳＡ！」と叫び、涙ぐむ女性もいた。厳かな表情を崩さず、ときおり拳を掲げ、いつもの冗舌は封印して「サンキュー」と歓声に応えるだけ。ゆっくりと貴賓席への階段を上っていった。

トランプは18日、３回目となる共和党大統領候補の指名受諾演説で「我々の社会の不和と分断は癒やされなければならない」と訴えた。会場で会ったトランプに近い上院議員で元駐日大使のウィリアム・ハガティは「政治対立の温度を下げるときだ」と話していた。

このとき、まだトランプが戦う相手は高齢による衰えを隠しきれない現職大統領のジョー・バイデンだった。トランプはすでに勝利を確信し、「不和と分断を修復する」と口にする余裕があった。

現場にいる支持者に目を向けると、4日間の大会を包んだのは「神がかり」への陶酔が生んだ宗教的な熱狂だった。

「7月の銃声」が鳴り響いたのは13日土曜日の夕方だった。

バトラーでの集会でトランプが話し始めて6分ほどたったころ、発砲音らしきものが聞こえ、トランプが右耳を押さえてうずくまった。一瞬の静寂、そして悲鳴と怒号。覆いかぶさるように殺到したシークレットサービスに囲まれ、演台を去りかけるトランプ。恐怖におののく聴衆の視線が集まるなか、トランプは右耳から流血しながらも右拳を突き上げ、支持者に叫んだ。「戦え、戦え、戦え！」――。

あまりにできすぎた光景だった。共和党大会では右耳を覆う白いガーゼは「神の介入」（アーカンソー州知事のサラ・ハッカビー・サンダース）の象徴となった。トランプも「神は私の側にいる」と万能感に浸った。

この万能感は大統領職に返り咲いた後も変わらずに続いた。2度目の大統領就任演説で、トランプは「私はアメリカを再び偉大にするために神に救われた」となかば陶酔したような表情で語った。

共和党大会で映し出される「奇跡の1枚」の写真（2024年7月）

確かに、暗殺未遂の一瞬を切り取ったAP通信のカメラマン、エバン・ブッチの腕が良すぎた。星条旗が背景に映り込み、トランプが空に振り上げた拳を頂点に周りを囲む警護官までが三角形の構図にピタリと収まった。「奇跡の1枚」の写真の衝撃がそれほど鮮烈だったゆえに、左派は「自作自演」、右派は「民主党の陰謀」と疑った。だが、どちらの陰謀論もナンセンスだろう。

銃撃事件の直後、アメリカの友人たちは私の多忙を気遣うメッセージをくれた。リベラルで高学歴の知識人ばかりだが、私的なメッセージの中に「悲惨な話だが驚きはない」「トランプの演出？」といった彼らの「本音」がちらりとのぞいた。

民主主義を掲げて建国してからおよそ2

50年。この短い歴史の国で大統領は4人も暗殺されている。アメリカの政治史は暴力とあまりに粘っこく結びついている。

事件があった13日午後、私はたまたまワシントン市内のフォード劇場にいた。南北戦争を戦った大統領、エイブラハム・リンカーンが暗殺された現場だ。取材のない週末は市内の史跡や博物館をぶらつくことが多い。以前も訪れたことのあるホロコースト記念博物館とどちらに行こうか迷った末の選択だった。「虫の知らせ」とは言わないが、帰宅してトランプの集会での演説を聞き始めると、銃撃が起きた。

大統領選挙の1カ月前、「神がかり」の現場、ペンシルベニア州バトラーを訪れた。ピッツバーグ近郊だ。アメリカの州の地域区分ではペンシルベニアは「東部」だが、州の西端にあるピッツバーグ近辺は中西部というほうが実態に近い。USスチールの本拠であり、かつて鉄鋼の街として栄華を誇ったラストベルト（さびついた工業地帯）だ。

アメリカで都市部から郊外に向かうと、雰囲気や空気がガラっと変わる潮目のようなものを感じる。子供のころの教科書に公害を説明するために載っていた赤潮の写真のように、民主党の青から共和党の赤に空気感が変わる瞬間だ。

教会のたたずまい、家々に飾られた星条旗、ピックアップトラックだらけの通り、バーにたむろする白人男性。ピッツバーグの市街地を出てバトラーに向かう道すがらでも潮目を感じた。「Trump2024」のヤードサインを庭先に飾る家が急に増えた。「Harris / Walz」のヤードサインを飾り、民主党の大統領候補となった副大統領のカマラ・ハリスを応援する家もあるものの、車を運転しながらざっと数えると、トランプ対ハリスは30対1ほどだった。

共和党を支持する自営業の40代男性、ビルは「ハリスはフェイクだ。民主党は大統領のバイデンを追い出し、不人気なハリスを突然、『素晴らしい大統領候補』にリブランディングした。彼女はインフレも国境問題も解決できない」と話した。

「私の選挙運動はサブリナ・カーペンターが歌う『エスプレッソ』みたいなもの。歌詞は漠然としているけど、雰囲気(vibe)は最高」

このころ、もう一人の「ハリス」がこう語った。1975年から続くNBCの人気番組『サタデー・ナイト・ライブ』は2024年9月28日に放送を始めた第50シーズンの初回冒頭、恒例の寸劇でマヤ・ルドルフ演じる「ハリス」にこのセリフを語らせた。リベラルで知られる人気番組ですら、ハリスの中身の乏しさを揶揄していた。

こうした「敵失」もあり、トランプの「万能感」は続いた。しかし、実際にはアメリカの分断は少しも癒えていなかった。

2024年7月の共和党大会に時間の針を戻してみよう。

トランプにとって3度目となる大統領候補の指名受諾演説は、先述したように始まりの部分でこそ「不和と分断の修復」に言及した。しかし、90分を超える過去最長の演説の大部分は「北朝鮮の金正恩《キムジョンウン》（総書記）は私を恋しがっているだろう」などと、普段のとりとめのない政治漫談に戻った。

移民排斥や保護主義に染まるトランプのアメリカ第一主義が共和党を覆い、副大統領候補には「ウクライナで何が起きても気にしない」という当時39歳の上院議員、J・D・バンスを据えた。「MAGA」は一代限りではないと宣言したに等しかった。

そもそもトランプは2020年大統領選の敗北を認めず、暴力事件を肯定するような言動もためらわなかった。法の支配を軽んじるトランプの姿勢を民主党は批判してきた。ところが「7月の銃声」により、トランプを「民主主義の脅威」とみなす民主党の主張そのものがトランプへの暴力を扇動したと指弾されるようになった。

ちょうど、直前の英国総選挙で労働党が14年ぶりに保守党から政権を奪った。欧州連合（EU）離脱を後悔した有権者が保守党を見限った。フランスの国民議会選挙では当初第1党になる勢いだった極右の台頭が阻まれた一方、既存の政治勢力への幻滅から、大統領のエマニュエル・マクロンが率いる中道の与党連合が議席を大きく減らした。

「我々は戦前の時代にいる」。こう指摘したのはポーランド首相、ドナルド・トゥスクだ。

ロシアはウクライナ侵略を続け、中国、イラン、北朝鮮がロシアとともに反アメリカの枢軸を形づくっているのは明白だった。

そこにトランプ再登板の足音が着実に近づいてきていた。2022年に亡くなった元国務長官、マデレーン・オルブライトは著書『ファシズム――警告の書』で世界中の「暴君の集団」が「互いを観察し、互いから学び、互いをまねする」と指摘し、こう警鐘を鳴らした。「全員が『強い指導者』を自任し、『国民』を代弁していると主張し、互いを当てにしながら、同類を増やそうとする」

「闇の政府」を破壊せよ

「ディープステート(アメリカを操る闇の政府)を解体する」。2024年、私の1年の幕開けはドナルド・トランプのこんな言葉を聞くことから始まった。年明け5日、中西部アイオワ州に乗り込んだトランプはこう言い放った。

ディープステートとは、連邦捜査局(FBI)をはじめとする法執行機関や政府の一部が金融界、産業界、メディアなどの上層部と結託し、国家の内部に巣くう隠れた国家として権力を牛耳っているという陰謀論だ。

アメリカの最高権力者に返り咲く人物が公然と陰謀論を唱えていた。これがアメリカの現実だ。トランプは「不当に扱われ、裏切られた人々のための報復者となる。私はあなたの報復者だ」との誓いを2期目で実行するため、着々と準備してきた。

2024年大統領選に勝利したトランプはその言葉通り、「ディープステート解体」に本気で挑む構えをみせている。本気度はまず、政権人事に表れた。

「ディープステートの行政部門メンバー」――。アルファベット順に60人の「政府内ギャング」を名指ししたリストがある。バイデン政権の国防長官ロイド・オースティンやトランプ第1期政権で国家安全保障担当の大統領補佐官だったジョン・ボルトンらが列挙されている。

まるで「デスノート」のようなこの不穏なリストは、トランプによってFBI長官に指名されたカシュ・パテルが2023年の著書『ガバメント・ギャングスターズ』につけた付録だ。

パテルいわく、このリストは「完全」ではない。トランプの弾劾裁判で検察官役を務めた民主党上院議員アダム・シフやトランプとたもとを分かった共和党の元下院議長ポール・ライアン、「フェイクニュース・マフィアの報道陣全員」といった「行政部門以外の第一級の腐敗した人々」を除外しているからだ。

新政権で国防長官に指名されたピート・ヘグセス

著書の中で「ディープステートとして知られるようになったものとの政治闘争の最前線に立ってきた」と言い放ち、FBIを繰り返し攻撃しているパテル。トランプが「アメリカ第一主義の闘士だ」と持ち上げてFBI長官に据えようとする理由は、FBIを自らに屈服させるためにほかならないだろう。

国家情報長官（NID）に元民主党下院議員のトゥルシー・ギャバード、国防長官に保守系FOXテレビ司会者のピート・ヘグセスを指名したのも同じ文脈だ。

最初に司法長官に指名した前下院議員のマット・ゲーツこそ未成年者の買春や薬物使用の疑惑にまみれるなかで指名を辞退したものの、ギャバード、ヘグセス、パテルのいずれも、通常なら上院の承認が得られそうにない問題含みの人物だ。

ギャバードはかつてシリアのアサド政権について「アメリカの敵ではない」と述べ、親ロシア発言も目立つ。議会でインテリジェンスに関する委員会に属したことはない。それどころか、政権を批判したことでアメリカ政府の「秘密のテロ監視リスト」なるものに載せられ、空港で執拗な検査を受けるようになったと主張した。

上院での人事承認に向けた公聴会では「(ロシアの)プーチンがウクライナでの戦争を始めた」と認め、アサドが自国民に化学兵器を使用したとの結論にも同意した。しかし、アメリカ政府による大規模情報収集を暴露し、ロシアに亡命した元アメリカ中央情報局(CIA)職員エドワード・スノーデンを「裏切り者だと思うか」と繰り返し聞かれたにもかかわらず、最後まで「Yes」と答えることを拒んだ。

ヘグセスは軍における人種や性別の多様性を強く批判してきた退役軍人だ。軍や政府の巨大組織を運営した経験はない。州兵として2021年の大統領就任式の警護を志願したものの「宗教的タトゥーを入れているために過激派、白人至上主義者とみなされ」、任務から外されたと主張している。大量の飲酒癖も指摘される。

トランプが大統領に返り咲く直前、上院の人事承認手続きに向けた公聴会でヘグセスは東南アジア諸国連合(ASEAN)が何カ国あるかと質問された。苦し紛れに日本、韓国、オーストラリアとの同盟関係を強調したが、民主党上院議員タミー・ダックワースに「3カ国ともASEANではない」と冷たく突き放された。ダックワースはイリノイ州選出。タイ生まれで、ハワイで育ち、軍人としてイラク戦争に従軍し、乗っていたヘリコプターが攻撃されて両脚と右腕の一部を失った。

パテルらに共通するのはトランプへの忠誠心だ。トランプ個人への忠誠を誓い、トランプの歓心を買うためなら政府機構を破壊することさえいとわない人物を抜擢し、法執行機関や軍、情報機関を自身にひれ伏させることがトランプの狙いだ。

パテルの人事が上院で承認される前の2025年1月31日、トランプはホワイトハウスで記者団を前に、FBIには「非常に悪い連中がいる」と語り、「もし何人か解雇したのであれば、良いことだ」と述べた。

トランプの機密文書持ち出し事件や議会占拠事件の捜査に携わったFBI捜査官が解雇されるなど「粛正」が進んだ。司法省もトランプ捜査に関与した検察官を解雇した。FBI職員協会は声明で「国家安全保障や犯罪の脅威からアメリカを守るFBIの能力を著しく低下させる」と反発したものの、トランプによる「粛正」の嵐は止まらなかった。

最終的に、問題含みの人物の閣僚就任も上院で承認された。仮に議会の反対で人事に失敗したとしても、トランプからすれば十分に脅しの効果はあっただろう。権力の座から退いた後も自分に歯向かうことのないよう徹底的にたたいておくという意味で、「いつ倍返しされるか分からない」と相手をひるませることが重要だからだ。

トランプは自身への弾劾や相次ぐ刑事訴追について「魔女狩りだ」と強い恨みを抱いている。第1期政権で軍出身の政権幹部らが法の順守を優先し、自身の無軌道な指示に完全服従しなかったことも逆恨みしている。その破壊衝動は、トランプ批判を繰り返してきた報道機関、メディアにも向かっている。

ドイツ・ナチスの例を引くまでもなく、民主主義体制のもとで司法機関やメディアを屈服させ、独裁を強める手法は目新しいものではない。近年でもハンガリー首相のオルバン・ビクトル、イスラエル首相のベンヤミン・ネタニヤフといった「民主主義国家」の強権的指導者が似たような手法を自身の権力強化のために好んで用いてきた。

オルブライトの遺言通り、「暴君の集団」は「同類を増やそうとする」のだ。

異形の「X砲政治」

これまでにも何度か触れたが、アメリカの郊外や農村など保守層が多い地域に入ると、とたんに巨大なピックアップトラックが目立つようになる。安価なガソリンを大量に消費

イーロン・マスクを批判するステッカー

し、燃費のことなどちまちま気にせず、頑丈で実用的なことが何よりも愛される。アメリカを象徴する「男らしい」車だ。

逆に、リベラル層が集住する「青い」都市部で目に付くのがテスラの電気自動車（EV）だ。ニューヨークやワシントンでウーバーを呼ぶと、「テスラ率」はかなり高い。環境に配慮する意識の高さを示すだけでなく、技術革新のフロンティアを共有するという、新しい時代の先端に立つ気分を象徴するアイテムだった。

ところが２０２４年の大統領選挙の年に入ると、首都ワシントンの街中でこんなステッカーを貼ってあるテスラを見かけるようになった。

「私は、イーロンが狂ってしまう前にこれ

を買いました」――。

２０２４年11月５日の大統領選投票日から翌年１月20日の大統領就任式までの２カ月半は、アメリカの民主主義の異形ぶりを最も浮き彫りにした期間だったのではないだろうか。まだ大統領に就いていないトランプと、選挙の洗礼さえ受けていない一民間人の富豪イーロン・マスクが、アメリカの政治を動かす異常が当たり前のようにまかり通ったからだ。

２０２４年12月18日夜、議会下院で共和、民主両党が合意した翌年３月までの政府支出を賄う「つなぎ予算」案が頓挫した。マスクがＳＮＳ「Ｘ（旧ツイッター）」で激しい反対運動を展開し、最後はトランプの反対表明がダメ押しとなった。

騒動の始まりは18日午前4時15分だった。マスクは「この法案は通すべきではない」とＸに書き込み、法案潰しの号砲を鳴らした。このつぶやきの閲覧回数は１日余りで３８００万回に達し、マスクのこの日の投稿は１５０回以上にのぼった。

マスクが２０２２年に旧ツイッターを買収して以降、Ｘは言論空間として急速に右傾化している。マスクはこの「Ｘ砲」を使い、反対論と攻撃を繰り返した。

「この法外な支出法案に賛成する上下院議員は（中間選挙のある）２年後には落選に値する！」と共和党議員に圧力をかけ、２億人を超える自身のフォロワーに議員に電話をかけて法案を止めろと呼びかけた。

18日夕にはトランプが自身のSNS「トゥルース・ソーシャル」で民主党の要求項目の削除を求める一方、2025年1月1日まで効力を停止している政府債務の法定上限の引き上げを盛り込むべきだと主張し、与野党合意の法案に反対した。

つなぎ予算の期限が20日深夜に迫るなか、トランプの意向が与野党合意にとどめを刺したのは間違いない。しかし、マスクの「X砲」の予想を超える威力の大きさに共和議員が耐えきれなかった面も大きいだろう。

「税金を盗むのをやめろ」というマスクの一方的な主張はXで一気に増幅され、保守層に広く浸透した。しかも、「議員報酬を40％引き上げる」といった誤った情報もそのまま垂れ流された。

共和党内にはマスクの政策決定への影響力について様子見する空気もあったが、「今日は電話が鳴りやまなかった。トランプやマスクらは就任前から影響力を持っている」（下院議員のアンディ・バー）との実感が広がった。

与野党合意が潰れた18日深夜、マスクは「民意が勝った」と投稿した。とはいえ、マスクは選挙で有権者の信認を得たわけではない。あくまでもXという似たような意見を好む人たちが集うSNS空間の中で増幅され、濃縮された「民意」だ。

個人が発信できるプラットフォームであるSNSが定着し、マスクやトランプのように

ワシントンでの反トランプデモ（2025年1月）

SNS空間で強烈な求心力を持つ個人が登場した。多くの人々が新聞やテレビといった伝統的なメディアから離れ、SNS空間に流れる虚実ないまぜの情報にだけ触れるようになった。

このことがアメリカの民主主義のかたちそのものを変貌させつつある。マスクがXを所有して以来、リベラルな議論を好む多くの人がXを見限った。右へ右へと旋回するXでの「民意」が、それぞれの選挙区の有権者の民意を飛び越え、個々の議員の行動を縛ってしまう。この日、マスクの「X砲」を食い止める防御壁は最後まで見当たらなかった。

マスクの動機や真意は本人にしか分からない。マスクが潰した与野党合意によるつなぎ予算案には、中国へのアメリカからの投資を制限し、監視するための条項が盛り込まれていた。

コネティカット州選出の民主党下院議員、ロサ・デラウロは公開書簡でマスク傘下のテスラが世界戦略拠点とする中国・上海工場に触れて、「マスクがアメリカの労働者、革新者、企業を犠牲にして自身の懐と中国共産党を守るため、中国への投資を規制する超党派の条項を削除する目的でこの重要な合意を覆そうとした可能性がある。特に憂慮すべきことだ」と断じた。

「X砲政治」はこれからの政策決定の一類型となる可能性がある。マスクはトランプの選挙戦を巨額の献金で支え、「第一の相棒」というトランプの内輪の仲間の中で最も親密な立場を手に入れた。だが、選挙や議会の承認を経たわけではない。

トランプ第2次政権でマスクは「政府効率化省（DOGE）」を率いる。いわゆる政府の省庁ではないものの、トランプは就任初日の大統領令でホワイトハウス内の組織として位置づけ、大統領首席補佐官の管轄下に置いた。歳出削減、規制緩和、行政効率化に焦点を当て、政府のITシステムのアップグレードに取り組むとうたう。

マスクは当初、2兆ドルの支出を削減できるとぶち上げたが、2024年度のアメリカの歳出6・8兆ドルのうち、社会保障費とメディケア（高齢者向け公的医療保険）、国防費、利払い費など減らせない支出を除いた裁量的支出は1・6兆ドルほどしかない。マスクが有権者への説明責任をきちんと果たす保証もない。

「X砲政治」を使えば、とても打ち返せないような「高めの球」を最初に投げておいて、周囲に混乱と混沌が広がるなかで「民意」を味方につけ、自分の好む政策へと誘導していくことも可能だろう。

トランプとマスクは当面の間、お互いに影響力の大きさを利用し合う「協商関係」を結んだようにみえる。2人の関係はずっと蜜月だったわけではない。マスクが一時、2020年大統領選で民主党候補のバイデンに投票したと公言したこともあり、トランプとの関係は冷えた。共和党の大統領候補指名争いでも当初、マスクはフロリダ州知事のロン・デサンティスに協力していた。

マスクの「X砲」は海外も射程に入れる。「ドイツを救えるのは、ドイツのための選択肢(AfD)だけだ」。ドイツが総選挙を控えるなか、Xに投稿し、移民排斥を掲げ、極右政党と異端視されるAfDを持ち上げた。

2025年に入ると、マスクは英国で投獄されている極右過激派トミー・ロビンソンの釈放をXで要求し、首相のキア・スターマーの批判を連発した。カナダの野党保守党を率いるピエール・ポワリエーヴルのインタビュー動画を「素晴らしい」と称賛した。「どんな事

象についても発言し、不安を招く影響力ではトランプを上回る」(仏紙ル・モンド)
もちろん、言論の自由、表現の自由は重要だし、保障されなければならない。問題は、マスクが自身の影響力の大きさを無自覚に振るっているのではなく、自覚的に振り回していることだ。意図的に自身の巨大な影響力を行使し、それを現実社会の権力に結びつけている。
ならば、その結果の責任を誰に対して負うつもりなのだろうか。選挙で選ばれていない少人数の大金持ちのリバタリアンたちが権力の中枢を握る「Broligarchy(brotherとoligarchyを合わせた造語)」の政治は、究極の無責任体制かもしれない。世界一の金持ちであることは、世界を好き勝手に振り回す委任状を与えられていることを意味しない。

トランプ主義の賞味期限

「一時的な現象だ。知的運動でも政策でも理念でも改革でもない。長続きしないよ」。共和党の元下院議長、ポール・ライアンにドナルド・トランプを信奉するMAGAが共和党を牛耳っている現象について尋ねると、こんな答えが返ってきた。

ライアンに会ったのは2024年3月、場所は南部テキサス州ダラスだった。彼はスポ

共和党の元下院議長、ポール・ライアン（2024年3月、テキサス州ダラス）

ーツジャーナリストをめざしているという愛娘が通うサザンメソジスト大学へ講演に訪れていた。第43代大統領ジョージ・W・ブッシュの夫人ローラが卒業した名門私立大学で、構内にはブッシュの事績を集めた記念図書館もある。

中西部ウィスコンシン州出身のライアンは、２０１２年大統領選挙の共和党の副大統領候補だった。２０１７年に発足したトランプ第１期政権と重なる２０１５年10月から２０１９年１月まで下院議長を務めたものの、最後はトランプとたもとを分かつ形で48歳の若さで議員を引退した。

共和党の保守本流だった減税、規制緩和、小さな政府を志向するカトリック信者で、財政タカ派の代表格といえる。政界から退いた後はトランプについて「ポピュリストで権威主義的なナルシシスト」と公然と批判してきた。

そんな政治での立ち位置を改めてただすと、「私は古典的なリベラル保守、レーガン保守だ。貿易、自由で開かれた市場、強力な国防、憲法を信じている」と自身を評した。これに対して、いまの共和党を支配するトランプ主義は「ドナルド・トランプへの個人崇拝に主導されたポピュリズム」だと表現した。

トランプ現象は「分断など現在起きていることの原因ではなく促進剤」とみる。「その日その日で自分の利益になると思えば何でもやる。戦略的な哲学や原則的な一貫性はない」「トランプに忠誠を誓わなければ『名ばかり共和党員(RINO = Republican in name only)』と呼ばれる。純粋に彼への忠誠を問うだけで主義も大義もない」と痛烈に批判した。

それゆえに、ライアンからみればトランプ信奉者が保守派を支配する現状は「一時的な現象」に思える。「政治的なまひによって多くの問題が解決されず、国が疲弊する。二極化が進み、問題を解決できない政治に人々がうんざりする『二極化疲弊』が起きる」と考えるからだ。しかし、「それはいまではない。その瞬間をできるだけ早く迎えることができるよう私は全力を尽くしているけど」と付け加えた。

ライアンのトランプ論について大きな異論はなかったが、トランプ主義というポピュリズムの台頭を許した原因についての見解には疑問が残った。中間層の液状化と富の一極集中を伴う格差の拡大が理由ではないかと話を振ると、ライアンは格差問題には直接答えず、草の根のコミュニティー・オーガナイジングの始祖であるソウル・アリンスキーの名前に触れながら、政党が人の属性を重視する「アイデンティティー政治」に陥ったことで人々の分極化が進んだとの見方を示した。

確かにそれは一理あるだろう。しかし、小さな政府を重視する伝統的保守派は、富の格差を直視し、その解決策として所得再分配の問題に踏み込むことがなかなかできないように思う。所得再分配を解決策の主軸に据えた途端、民主党、特に穏健な中道左派との政策の差が一気に薄まってしまうからだろう。

所得の格差が人種間の格差と根深く絡む「移民国家」アメリカ特有の問題もある。自分が属する集団内での格差の拡大とは違って、自分とは異なる集団の貧困や苦境に人は冷淡になりがちで、再分配に尻込みするとの指摘がある。

過去を振り返れば、健全な中間層を中心とした「社会の多数派」が長く苦しんでいたにもかかわらず、中道や穏健と呼ばれる「政治の多数派」はその問題を解決する道筋をうまく提示できずにきた。

その結果、誰にでも分かりやすい「ばらまき」を政策の柱とする左右の両極端にあるポ

トランプ政権のナンバー2、J.D.バンスとその妻ウーシャ(2024年7月)

ピュリズム政治が人々をひき付けてしまった。

それは、ライアンの言う「その日その日で自分の利益になると思えば何でもやる」という近視眼的な政治だ。では本当に「一時的」なもので終わるのだろうか。トランプは78歳で2度目の大統領職に就任した。老いとの戦いは分が悪くなる一方だろう。政権のナンバー2、J・D・バンスは1984年生まれ。40歳で副大統領に就いた。

バンスはイーロン・マスクらトランプを支えるリバタリアンの富豪たちとも良好な関係を築いてきた。トランプほどのカリスマ性はバンスにないにしても、2028年以降もMAGAは脈々と続くとみるほうがいいのではないか。

仮にあなたが再び政治の表舞台にカムバックするとすれば、それはいつになるのでしょうか――。そう問うと、ライアンはこう言って笑った。「25年後でもいまのジョー・バイデン（81歳）より若いよ」

もう一つのアメリカ第一主義

2025年1月3日金曜日の午前8時、ホワイトハウスからメールが届いた。表題は「マインワン・クラウド・コンピューティング・インベストメントによる特定の不動産取得に関する命令」。マインワン社とは中国系の暗号資産関連企業だ。

一瞬、読むのを後回しにしようかと思った。ところがメールの件名を見返すと、「日本製鉄によるUSスチールの買収提案に関する命令」とある。本文も日鉄によるUSスチール買収を大統領のジョー・バイデンが禁止する内容だった。

「バイデン隠し」や「息子の恩赦」に第2章で触れたように、バイデン政権は残念な政権だった。過去の発表メールのテンプレートをコピペするなとは言わない。しかし、同盟国・日本の関係者が固唾をのんで見守る重要案件について、よりにもよって中国系企業の表題をつけて送信する仕事の雑さ、無神経さはあんまりだろう。

命令の中身はそれ以上に残念だった。

なぜ同盟国である日本の企業がアメリカ企業を再建し、事業を拡大するために投資することが「国家安全保障上の懸念」なのだろうか。

もちろん、ワシントンにいる身からすれば、①大統領選の年であること②USスチールの本拠は大統領選の最大の激戦州ペンシルベニア州のピッツバーグであること③鉄鋼というアメリカのかつての製造業の繁栄を象徴する産業であること④アメリカを象徴する企業が買収対象であること⑤民主党、共和党ともに労働組合の支持が今後も選挙戦略上、重要であること⑥共和党のトランプは買収反対を表明済みだったこと――と、バイデンの判断の「政治的合理性」は十分に理解できる。

「鉄」に対するアメリカの思いを日本側は十分に理解していたのか、という気もする。たとえばワシントンから3時間半ほど南へ運転すると、北大西洋条約機構（NATO）の司令部もある世界最大のノーフォーク海軍基地がある。2024年6月末に訪れると、「ジェラルド・フォード」「ハリー・トルーマン」の空母2隻が12、14番埠頭に停泊していた。不吉な数字とされる13番の埠頭はない。

ロサンゼルス級、バージニア級の原子力潜水艦の黒い船体も見えた。ヘリコプターやオスプレイを搭載する強襲揚陸艦「イオー・ジマ（硫黄島）」は第二次世界大戦時のエセックス

ノーフォーク海軍基地に停泊する空母（2024年6月）

級空母と同等の大きさだという。巨大な鉄の構造物がずらりと海に浮かぶ光景は圧倒的な迫力がある。鉄は国家安全保障の命運を握る戦略物資なのだ。

とはいえ、アメリカのそうした「政治的合理性」をいったん離れて、経済合理性や外交政策上の得失を考えれば、バイデンの判断は悪手としか言いようがない。

アメリカの鉄鋼業や労働者が将来にわたって経済的損失を被り、アメリカそのものが国際社会からの信望をさらに失う恐れのある誤った判断だろう。実際、政権内でも国務省や国家安全保障担当の大統領補佐官、ジェイク・サリバンらは買収を阻止することに難色を示していた。

外交問題評議会会長を務めたリチャー

ド・ハースは「経済的にも外交政策的にも悪い決定だ。国内の雇用を脅かし、保護主義を助長し、世界に対する同盟第一主義の姿勢を弱める。バイデンの遺産に汚点をつける」とXに書いた。

外交・安保戦略の専門家ザック・クーパーは、全米鉄鋼労働組合（USW）の会長、デビッド・マッコールが日鉄と競合するアメリカの鉄鋼大手クリーブランド・クリフスとUSスチールとの提携を一貫して推し、バイデンとトランプの双方に日鉄による買収計画を阻止することを約束させたと指摘した。

「企業がこの事例から引き出す教訓は、経済的な論理や法的根拠はますます政治的な問題に対して次点的なものになっているということだ。特に伝統的な製造業分野における取引は主として政治的な問題である」とクーパーは言う。「国家安全保障上の懸念」のむやみな拡大解釈は、アメリカへの投資をリスクに変えてしまう。

USスチールの声明は激烈だった。「バイデンの行動は恥ずべきものであり、腐敗している」「北京の中国共産党幹部は歓喜している」と怒りを隠さなかった。同時に声明の2段落目で「アメリカにとって最良の取引を実現する方法を知り、それを実現するために努力する大統領が必要」と記した。その2週間余り後に大統領に就くトランプに「我々の声を聞いていますか」と呼びかけているようだった。

買収阻止命令を発した日、大統領補佐官のジョン・カービーは記者会見で「これは日本に関する問題ではない」と日本との関係への影響を否定した。バイデン本人はこのときも声明を出しただけで記者に直接答える機会を設けず、説明責任を放棄した。

過去と現状への自己分析も欠けていた。アメリカは「政治的合理性」を半世紀にわたって優先し、「経済的合理性」をゆがめた。海外の鋼材に対して反ダンピング課税などを常態化させる保護政策で鉄鋼業を支えたが、その衰退に歯止めはかからなかった。アメリカでは東アジアなどと比べて主要鋼材が高値で推移し、鉄の価格の指標となる熱延鋼板のアメリカの価格は世界の輸出価格の1・4倍を超える。アメリカの自動車メーカーや国民は余計な支出を強いられてきたといっていい。

1960年代まで世界最大の鉄鋼企業としてアメリカの製造業を支えたUSスチールでさえ単独で生き残れない現状。それを直視することが出発点となることは、「合理的」に考えれば誰でも分かることだ。

しかし、トランプがホワイトハウスに返り咲く1週間前に記者会見したクリーブランド・クリフスの最高経営責任者（CEO）、ローレンコ・ゴンカルベスは想像の斜め上を行く「アメリカ感覚」だった。

「日本は中国より邪悪だ」「日本よ、気をつけろ。1945年以来、何も学んでいない」と絶叫し、「日鉄は中国に鉄鋼の過剰生産やダンピングの方法を教えた」と批判した。第二次世界大戦後の日本の歴史を全否定したわけだ。大企業トップのこんな低レベルな発言がまかり通ってしまう政治状況にアメリカは陥っているのだ。

85万人の組合員票を持つUSWの執行部の意向をくみ取ったバイデンの判断は、組合内では少数派であるUSスチールの意向を無視することにもなった。

アメリカの鉄鋼業界の雇用者数は8万人ほどだ。USWは名前こそ「鉄鋼」を名乗るものの、製紙や林業など多種の産業で構成する。USスチールの組合員は1万人ほどにすぎず、競合のクリーブランド・クリフスのほうが1万4000人と多い。日鉄の投資がなければ高炉の閉鎖もあり得るだろう。USスチールの地元は買収実現を望んでいただけに、「労働者のため」という説明もうつろに響く。

「アメリカ人が所有し、アメリカ人が運営し、アメリカの組合労働者が働く」というバイデンの情緒的な訴えは、時代に取り残されたと感じている労働者層にトランプが感情的に訴える「アメリカ第一」「アメリカを再び偉大に」と本質的に変わらない。しかもトランプの「アメリカ第一」のミニチュア版であり、亜流だ。

トランプはバイデンの「決断」後、「関税（引き上げ）によってより高収益で価値のある企業になるというのに、なぜUSスチールをいま売ろうとするのか？」と自身のSNSに書き込んだ。一貫して買収阻止を公言してきた。

トランプが一転して「バイデンの否定」に動く可能性はゼロとは言わない。自分に利があれば、前言を翻すこともためらわないだろう。だがそこにあるのは「政治的合理性」というよりも「政治的打算」だ。同盟国の民間投資にまで政府が口を挟まざるを得ないアメリカの「弱さ」に対する真摯な自覚はない。

アメリカの分断がもたらす「政治的合理性」は、アメリカの政治が抱える問題を解決できず、むしろ、日本など同盟国・友好国にまで悪影響を広げてしまう。それが私たちの「傲慢な友人」の現実だ。私たちがその現実に立って未来への道筋を探っていかなければならないことも、もう一つの合理的な帰結なのだ。

トランプは大統領に復権してから3週間もたたない2025年2月7日、アメリカを訪れた日本の首相、石破茂と会談し、ホワイトハウスのイーストルームで共同記者会見に臨んだ。

「アメリカの鉄鋼業に非常にエキサイティングなことを実施する予定だ。彼ら（日鉄）は購入ではなく投資を検討している。USスチールを所有するのではなく、多額の投資を実施することで合意した」

トランプは日鉄を何度も「Nissan」と言い間違えながら、日本からの投資という実利だけをかっさらおうと言葉を重ねた。バイデンは「アメリカ第一の亜流」という汚名を最後に残した。

偉大なる島国根性

「左派と右派で『国家離婚』を検討しては？」。共和党下院議員のマージョリー・テーラー・グリーンがこう発言したのは2023年2月だった。トランプ主義者、極右、陰謀論者……。大統領のドナルド・トランプに近く、下院共和党でトランプとの窓口役を自任する彼女のことを民主党やリベラル層は蛇蝎のごとく嫌う。

それでも地元の南部ジョージア州での人気は非常に高く、2024年選挙でも民主党候補に30ポイントに迫る得票差をつけて圧勝した。「国家離婚」を唱えたころ、ウクライナ支援の打ち切りを求める「ウクライナ疲弊決議案」を提出した筋金入りの孤立主義者だ。

孤立主義や内向きの政治機運がなぜアメリカを覆うのか。ひとつにはアメリカが「安全」な国だからだろう。

地図を眺めると、巨大で豊かな国土は北がカナダ、南はメキシコと国境を接するものの、東西は海に囲まれ、外部の脅威にさらされにくい「大きな島国」に見える。人々の関心はも

下院共和党でトランプの窓口役を自任するマージョリー・テーラー・グリーン（2023年3月）

っぱら人種や宗教、文化など国内問題をめぐる対立に注がれ、国家として結束したのはナチスドイツや大日本帝国、ソ連といった明確な「敵」が現れたときだ。

「ワシントンの政策決定者がカンザス州の農民、インディアナ州の教師、メーン州の溶接工に、台湾で起きていることが自分たちの生活にどんな影響を与えるかを説明できなければ、兵士はおろかアメリカの資産を地球の裏側に送ることを正当化するのに苦労するだろう」。2024年3月末、こう訴える報告書を目にした。

まとめたのはトランプ陣営の政策立案や理論武装を支えた保守系シンクタンク、ヘリテージ財団。「アメリカにとって台湾がなぜ大事なのか」を細かに説いていた。

トランプの思考回路は同盟網をアメリカの資産としてとらえず、重荷とみる傾向がある。同盟軽視のリスクだ。一方で、中国を「競争相手」と定義したバイデン民主党政権に対して、保守派は中国を「敵」と位置づけることをためらわない。強硬な対中戦略は同盟なくしては成り立たないのに、いまのアメリカの強硬保守勢力は、大衆に迎合する孤立主義に傾きがちになる矛盾をはらむ。

ヘリテージ財団の報告書はあえて「台湾の最大の価値はその立地にある」と明言していた。半導体供給網の中核や民主主義の仲間という以前に、動かしようのない地理的条件そのものが台湾の重要性の根幹であると述べているわけだ。

日本から台湾、フィリピンを結ぶ線をアメリカとその同盟国が守れなければ、西太平洋は中国の海となる。そういう危機意識だといえる。東アジアに住む日本人は当たり前に持っている肌感覚だが、太平洋を隔てたアメリカ人は違う。

2024年アカデミー賞で短編ドキュメンタリー賞の候補になった『Island in Between』という映画がある。中国福建省から数キロメートルの距離にある台湾の離島、金門島の生活を記録した秀作だ。

この映画を見たアメリカ人の友人から「あんな島があるのか」と聞かれた。大陸側から水の供給も受けていると教えると、とても驚いていた。高学歴でリベラルな立場の人で、欧州で暮らした経験も長い人だ。それでも日本人が総じて中東や南米の地理に疎いように、多くのアメリカ人もアジアの正確な地図を頭の中で描けない。

中国に対するアメリカの外交・安全保障戦略は「ワン・ボイス」、つまり超党派で唯一、認識を共有できる政策領域だといわれてきた。確かに党派によって分断されてはいても、「中国の好きにはさせない」という漠然とした目標は党派を超えて共有できている。議会にも超党派で取り組む機運が残る。しかし、「勝利」の定義や対中競争に打ち勝つための具体的なアプローチにはどうしても温度差が生じる。

「大きな島国」で深まる党派の分断は、人々の関心を外敵よりも内なる敵に向けがちなため、中国による「影響工作」が入り込む隙となる。

「影響を与え、間違いなく干渉しようとしている証拠を目にしている」。2024年4月に中国を訪問したバイデン政権の国務長官、アントニー・ブリンケンは大統領選挙に介入しようとする中国を批判した。同じころ、マイクロソフトは「中国の偽SNSアカウントがアメリカの有権者を二分する問題に物議を醸す質問を投げかけている」と指摘していた。

「スパモフラージュ（Spamouflage）」。かねて中国当局とのつながりが疑われているネット上の組織的なプロパガンダ活動をこう呼ぶ。スパムとカムフラージュを組み合わせた造語だ。報道の信頼性を調べる団体ニュースガードは翌5月、スパモフラージュに関わる16

ヘリテージ財団の会長、ケビン・ロバーツ（2022年7月）

7のアカウントを新たに特定したと発表した。

高齢の大統領であるバイデンの衰えを誇張したり、学生デモを警察が取り締まる映像とアメリカを批判する文言を一緒に拡散したりと、その内容は正直、幼稚だ。マイクロソフトも「実際に選挙結果に影響を与える可能性は低い」とみていた。

確かに、こうしたプロパガンダに直接操られ、支持者が投票先を変えるといった事態は考えにくい。真の問題は、ゆがんだ情報を浴び続けた有権者があふれかえる偽情報に嫌気が差し、あらゆる情報を信じなくなることではないだろうか。民主主義を民主主義として成り立たせる、自由闊達で健全な議論の土台を失う危機。それこそが

「影響工作」の真の狙いではないかと思う。

ヘリテージ財団の会長、ケビン・ロバーツに2022年7月に会ったとき、アメリカ人が現在直面している「冷たい内戦」が「熱い内戦」に転じ、第2の南北戦争が発生する可能性をどうみるか聞いたことがある。

歴史学者でもあるロバーツは「ない。可能性はゼロだ」と言い切った。その前提として「今後1、2回の選挙で、政治的な違いはあっても互いに真の友好を示そうとする指導者、真の政治家が現れることが必要だ」と言う。トランプはその「真の政治家」たり得るのだろうか。答えは歴史に刻まれる。

2030年の悪夢

アメリカ人は引っ越しが好きだ。遠い地への引っ越しもためらわない。欧州にアメリカの地図を重ねると、トルコあたりがテキサス州だとすれば、ウクライナはミシガン州あたりだという。学校や仕事を変える、好きなことをやりたい、周辺環境が合わない、様々な理由で軽やかに住む場所を移動する。それが政治も動かす。

アメリカでは10年に1度の国勢調査に基づいて、下院の全435議席を各州の人口に応じて自動的に配分する仕組みを取り入れている。NPO「アメリカ選挙区再編プロジェクト」によると、次の国勢調査がある2030年の結果を受けて、西部カリフォルニア州が4つ、東部ニューヨーク州が3つ、中西部イリノイ州が2つの議席を失う可能性があるという。

このほかミネソタ州、ロードアイランド州、ペンシルベニア州、オレゴン州は各1議席減る見通しだ。ペンシルベニア州はいわゆる激戦州だが、それ以外の合計で12議席を失うことになる6州はすべて民主党支持の「青い州」だ。

これに対して、下院での議席が増える可能性がある州はアイダホ、ユタ、アリゾナ、ジョージア、ノースカロライナ、テネシーで、1議席ずつ増える見通しだ。総じて共和党が強い「赤い州」が並んでいる。

2020年の国勢調査の結果を受けた2022年中間選挙からの選挙区再編でもテキサスが2議席、フロリダ、ノースカロライナ、コロラド、モンタナ、オレゴンの5州が各1議席増えた。一方、カリフォルニア、ニューヨーク、ペンシルベニア、ミシガン、オハイオ、イリノイ、ウェストバージニアの7州で1議席ずつ減った。

大統領選挙の538人の選挙人の配分も国勢調査を受けて変わる。2024年に民主党が選挙人の過半270人を獲得する最もシンプルな近道はネブラスカ州第2選挙区と、激戦州のうち五大湖周辺のミシガン、ペンシルベニア、ウィスコンシンの3州で勝利することだった。しかしアメリカの人口の比重が南側の「サンベルト」に移れば、過半270に至るまでの勝利の方程式は当然ながら複雑さを増す。

「赤い州」ばかり議席が増えるとは限らないものの、カリフォルニアやニューヨークの大都市から南部フロリダやテキサスに移住する人は多い。在宅勤務の定着も後押しして若い世代が沿岸部からネバダやコロラドなどに居を移すケースもある。

起業家で有力ベンチャーキャピタル（VC）、8VCを経営するマネジングパートナー、ジョー・ロンズデールも2020年にカリフォルニアからテキサスへと移住した。2023年に話したときもテキサス州オースティンにいた。

40代のロンズデールは「私はシリコンバレーで育ち、起業したが、多くの友人たちと同様にテキサスに引っ越した。イーロン・マスクも同時期だった」。マスクと同じく、保守的なリバタリアン（自由至上主義者）だ。

「東海岸への出張も多いのでテキサスは中間地点で便利ということもあるが、カリフォルニアを牛耳る人々は非常に腐敗している。より小さな政府で、腐敗していない場所を選ぶほうがいいと考えた」

ロンズデールはスタンフォード大在学中に決済大手ペイパルでのインターンからキャリ

アをスタートさせた。ペイパルの共同創業者として知られ、トランプを支えてきた投資家ピーター・ティールの別のヘッジファンドの幹部としても働いた。

彼のように生活拠点を移す例は近年、国内人口移動の大きな潮流を生んでいる。2020年4月から2024年7月にかけての人口の増減をみると、全国平均の増加率が2・6%だったなか、北東部の人口の伸びが0・7%にとどまったのに対し、南部の伸びは4・9%に達した。州ごとではカリフォルニアが0・2%減、ニューヨークは1・2%減と人口減に直面している一方、フロリダは8・2%増、テキサスは7%増の高い伸びを記録した。明らかなアメリカの人口の重心のシフトが起きているのだ。

さらに問題なのは、共和、民主両党の間で意図的な選挙区割りである「ゲリマンダー」をめぐる対立が続いていることだ。国勢調査の結果に応じて下院の州ごとの議席数が自動的に決まるシステムだけなら公平だが、その機に乗じて自党が有利になるように選挙区割りを見直す争いがいまだに絶えないのだ。

19世紀のマサチューセッツ州知事ゲリーが都合よく区割りを改め、いびつな形状が怪獣サラマンダーに似ていた故事にちなんだ「ゲリマンダー」。21世紀のいまになっても怪獣は暴れまくっている。

上院は州全体を選挙区として各州から一律2人を選ぶので、人口の少ない州を有利にする制度としての意図はあるものの、恣意的な区割りは起きない。下院は全国に435ある選挙区からそれぞれ1人しか当選できない単純小選挙区制となっており、区割り次第で各地の勢力図が大きく塗り替わる。

相手の支持層が多い地域を複数区に分割して影響力を薄める「クラッキング」、特定の支持層を1つの区に囲い込み、ほかの地域で優位に立てないようにさせる「パッキング」……。恣意的な陣取り合戦の手法は様々ある。

「立法府が自分たちの選挙区をゲリマンダリングでえり好みし、少数派の代表を薄め、政治力を弱め、若い人たちが選挙に参加したり公職に立候補したりする機会を減らしている」。南部ノースカロライナ州ウィルミントンで会った全米黒人地位向上協会（NAACP）の同州ディレクター、ダクアン・マルセル・ラブは憤っていた。

ノースカロライナ州では人口の2割を超える黒人の力をそぐ恣意的な区割りが横行した。黒人学生が伝統的に多く通う大学のキャンパスを2つに分割する区割りもあった。これまで私が人種差別の爪痕が残る地として触れてきたグリーンズボロも過去に繰り返し様々な線引きの対象となり、「蛇」のようにのたうつ細長い選挙区がつくられたこともある。この街を地盤とする民主党議員は、同州議会共和党の主導による新たな区割りが不利となり、2024年選挙で不出馬に追い込まれた。

恣意的に選挙区地図を塗り替える怪獣がのし歩き、下院選の多くの選挙区では投票前から勝敗が見通せることが多い。有権者不在のままシステムをほしいままにする既存の政治の傲慢さは、さらに有権者を遠ざける悪循環を生む。

ノースカロライナ州議会の民主党下院議員、ヤ・リウは危機感を抱き、葛藤していた。「このままでは多くの人が政治から遠ざかってしまう。政治は疲れるものだと考えているから。でも、変化をもたらし、政策に影響を与えるには、良い候補者に立候補してもらうしかない。それが地域社会の擁護者になる唯一の方法だ。それしかないんだ。そこから逃げることはできない」

妄想じみた恫喝外交

「国家安全保障や世界の自由のために、アメリカはグリーンランドの所有権と管理が絶対に必要だと感じている」。ドナルド・トランプが突如、グリーンランド購入に意欲を表明したのは大統領就任までひと月を切った2024年12月22日だった。

その前日、中米にあるパナマ運河についても「道徳的、法的な原則が守られないなら、我々への全面返還を求めるだろう」と返還を迫った。カナダについては51番目の州のように扱い、「併合」のイメージをちらつかせた。

妄想ともいえるトランプの「アメリカ領」拡大論は支持層の愛国心を刺激するだけでなく、トランプの19世紀型の世界観を映す。大国の合従連衡による「力の均衡」に基づいた秩序観だといえる。

「我々は売り物ではない」。グリーンランド自治政府首相、ムテ・エーエデは即座に反発した。デンマーク政府もグリーンランドの防衛費拡大を表明した。

グリーンランドはデンマークの自治領でレアアース（希土類）などの天然資源が豊富だ。地球温暖化で重要性が増す北極海航路はロシアや中国も重視している。北極海周辺を往来する船舶数は10年で4割近く増えた。

北極海と北大西洋の間、アメリカとロシアの中間に位置するだけに、アメリカや北大西洋条約機構（NATO）にとって地政学上、非常に重要であることは間違いない。

テキサス州の3倍以上の面積がある島におよそ5万7000人が暮らす。文化や政治は欧州と結びつくものの、地理は「北米大陸」の北東の端だ。トランプにとって「アメリカの庭先」のように映る。

アメリカは冷戦初期からレーダーを設置して旧ソ連の動向を見張った。いまもデンマークと安全保障協定を結び、アメリカ宇宙軍のピツフィク基地を置いてミサイル防衛と宇宙監視の戦略拠点としている。

第一次政権でもトランプはグリーンランド購入に意欲を示した。アメリカがグリーンランドを獲得するというアイデアは1860年代のアンドリュー・ジョンソン政権までさかのぼる。第二次世界大戦直後、大統領のハリー・トルーマンは1億ドルで購入すると提案したが、デンマークが断った。

19世紀、アメリカはルイジアナをフランスから、アラスカをロシアから購入するなど領土を拡大した。トランプは100年以上前の領土拡張への憧れを隠さず、法の支配を軸とする国際秩序を軽んじ、2国間の取引で相手を屈服させることを好む。「力の均衡」による時代錯誤の世界観がアメリカ第一主義の一側面だといえる。

「アメリカの裏庭」とされる中米のパナマ運河の突然の返還要求も、トランプ支持層の愛国心を満足させる発言だ。トランプはSNSに投稿した翌日、アリゾナ州での集会で聴衆を前にパナマ運河の通行料引き下げを要求した。「非常に不公平だ」と述べたうえで「パナマ運河の返還」を要求した。

1903年、パナマ独立を支援したアメリカは運河の支配・管理権を握った。当時の大統領、セオドア・ルーズベルトがフランスの放棄した運河事業を推し進めたのは安全保障上の動機からだった。南米を迂回することなく、アメリカ海軍の艦隊が太平洋と大西洋の間を行き来できる航路の確保をめざした。

第二次世界大戦後、パナマの民族意識が高まり、アメリカが支配する運河が反アメリカ感情の象徴のようになった。民主党政権の大統領、ジミー・カーターは運河のパナマへの返還に動いた。1977年の条約に基づいてまず主権をパナマに返還。さらに1999年に施設の管理を含めてすべてをパナマに返した。

トランプがそれまでパナマ運河をアメリカの手に取り戻すことを公約に掲げたことはなく、通行料についてもトランプのいう「ぼったくり」の事実は見当たらない。トランプの発言直後、パナマへの運河返還に尽力した元大統領カーターが100歳で亡くなったことには歴史の皮肉を感じた。

アメリカはパナマ運河の最大の利用国で、通行する貨物の7割がアメリカ発着だ。一方で運河の港湾の一部は香港系企業が管理していた。トランプが通行料の引き下げ以外にどんな成果を引き出そうと狙っているのかは判然としない。

アメリカの内政とのつながりを挙げれば、パナマにはコロンビアとの国境地帯に「ダリエン地峡」がある。世界中の不法移民が北米大陸に入るために踏破するルートとなっており、地峡の扱いはトランプが最重視する国境管理の問題に直結する。

移民問題に絡め、トランプはカナダとメキシコに25%の関税を課すと脅し、当時のカナダ首相、ジャスティン・トルドーを「州知事」とあざけった。アメリカ南部のメキシコ国境の取り締まりを強化して以降、北部のカナダ国境を越えてアメリカに入る不法移民がインド系を中心に増えた。

トランプはさらに畳みかけた。2025年1月7日、フロリダ州パームビーチの私邸マール・ア・ラーゴでの記者会見でメキシコ湾を「アメリカ湾」に改名すると表明。グリーンランド、パナマ運河の奪取へ軍事的、経済的な強制力を使うことを否定するかと質問され「その2つは保証できない」「約束できない。何かしなければならないかもしれない」と答えた。

長男のドナルド・トランプ・ジュニアは同じ日、自家用機でグリーンランドに乗り込むパフォーマンスを見せた。

デンマークはNATOの加盟国だ。トランプの脅しはデンマークをはじめNATO加盟国に国防負担の増強を迫る狙いとの指摘もある。一方で「アメリカ史上に残るディール」を自らの手でまとめたいという自己顕示欲に駆られている可能性も多分ににじむ。

グリーンランドにせよ、パナマ運河にせよ、中国やロシアの影響力の浸透という、アメリカにとって国家安全保障上の懸念があることは理解できる。だからといって、安全保障上の脅威に対抗するために同盟国や友好国を脅して信望を失っては、結局のところ損にしかならない。

アメリカ第一主義は国際社会との関わりを断つという孤立主義ではなく、世界的な課題や問題に介入することへの関心は薄い半面、2国間関係で相手を圧倒し、結果として自国周辺で力を誇示する「大アメリカ第一主義」に近いように見える。

脅しやはったりで相手との関係のバランスを崩し、短期的な勝利を手にするゲームを好むトランプの言葉に過剰に反応したり、おじけづいたりする必要はない。しかし、何か仕掛けてくる意図は必ずある。

トランプは「国家安全保障の脅威」を理由に挙げて「中国」を例示しながらメキシコやカナダ、中米、欧州の近隣友好国を「口撃」した。その一方で、中国国家主席の習近平を自身の2回目の大統領就任式に招待した。就任式に海外の首脳が出席する慣例はなく、アメリカ駐在の各国大使が参列するのが一般的だ。

トランプの「晴れの場」に習がかしずくように顔を見せることなどそもそもあり得ない。実際、習は就任式に来なかった。トランプはロシア大統領、ウラジミール・プーチンについても「彼は私に会いたがっている」と語り、早期会談を探った。エゴに傾くトランプの「遠交近攻」外交はこれからの世界を振り回すだろう。

私が改めて思い出したのは、次の通説だ。「トランプの言動は文字通り受け止める必要はない。しかし、真剣に受け止めるべきだ」

最終ゴールとして何を狙っているのか分からないところにトランプが仕掛ける「取引」という名のゲームの嫌らしさがある。難癖をつけられた側は冷静に事態を分析し、その意図を見極めて、柔軟に手を打っていくしかない。

メディアの敗北

「生まれも育ちもこの首都ワシントンだし、『ワシントン・ポスト』をずっと読んできた。だけど昨日、購読をやめたわ」。民主党を支持する70代女性のエミー(仮名)は2024年大統領選の直前だった10月末、寂しそうに笑った。

アメリカの名門紙であるワシントン・ポストはその直前、36年ぶりに大統領選で特定の候補を支持しないと決めていた。現オーナーのアマゾン・ドット・コム創業者、ジェフ・ベゾスの判断だった。アメリカの分断と部数減少が続くなかで「旗幟《きし》を鮮明にすることによる経営への打撃を抑える」という狙いだったが、エミーのように、決定公表から5日ほどで25万人以上が電子版購読の解約手続きを終えた。購読者全体のおよそ1割という衝撃だった。

「アメリカ人は報道機関を信用していない」。ベゾスはポスト紙に自身の考えを寄稿した。「大統領候補の支持をやめるだけでは信頼を大きく高めることはできないが、正しい方向への意味ある一歩だ」と中立性を重視する姿勢を強調した。

2024年の選挙イヤーを通じて、私が考え込まざるを得なかったのが「メディアの敗北」だった。いち個人としても、アメリカ社会を観察する記者としても。

「フェイクニュース・メディアだ」。トランプが叫び、聴衆が会場後方の撮影台に集まる主要メディアに向けてブーイングする――。トランプ集会ではこうした場面が恒例となっている。罵声を浴びる「主要メディア」とは、CNNやMSNBCといったケーブルテレビ、NBC、ABC、CBSの3大ネットワークと呼ばれる民間テレビ局、ニューヨーク・タイムズ、ワシントン・ポストといった大手新聞だ。

日本と異なり、アメリカのメディアは選挙で特定の候補の支持を表明するのがほとんど当然のこととなっている。1987年、放送局に公に注目される問題について立場の異なる見解を平等に紹介することを義務づける「フェアネス・ドクトリン（公平原則）」が撤廃されたことが大きい。

そこに技術革新と規制緩和による競争激化が拍車をかける。情報を伝える技術はこの100年で様変わりした。アメリカで4人に1人が電話を使うようになるまで35年かかったのに対し、テレビは26年、携帯電話は13年、インターネットは7年で済んだ。普及にかかる時間はどんどん早まり、情報の発信源は多様化した。

私の目からみても、CNNやMSNBCなどの民主党候補カマラ・ハリスへの肩入れは「バランスを欠きすぎでは」と思うことがあった。支持者の盛り上がりを伝える一方で、政策の中身の乏しさといった問題点についての追及はほとんどなかったためだ。とはいえ、保守系FOXニュースで延々と続くリベラル派への「悪口」をずっと聞いていると、自分の精神状態が毒されていくような感覚は避けられなかった。

大統領選の結果、リベラルは敗れ、「これ以上、トランプに関する報道は見たくない」(ニュージャージー州の60代女性)といった人々はCNNやMSNBCを見るのをやめた。2024年11月6日から22日までの1日あたりの平均視聴者数を集計すると、FOXは選挙前からおよそ4割増えて200万人に。対するCNNはおよそ3割減の36万6000人、MSNBCもおよそ4割減の52万6000人に落ち込んだ。

もともと、消費者がより安価なストリーミングサービスやSNSの無料コンテンツを選ぶようになり、高額なケーブルテレビは全体的に視聴者が細っているという構造的な要因がある。

とはいえ、選挙後に表面化した「主流メディア側の降伏」の動きは衝撃だった。MSNB

Cの看板番組の司会者がいち早くフロリダ州のマール・ア・ラーゴに飛んでトランプとの「意思疎通」を図り、トランプに名誉毀損で訴えられていたABCが1500万ドルを払って和解に応じることを決めた。

トランプもテレビ局の放送免許剝奪を口にしたり、自身に不利な世論調査を公表した地方紙を訴えたりとメディア攻撃を加速させた。

伝統的なメディアが苦境に追い込まれていることは明白だ。既得権益層と一体になった「エリート」として批判のやり玉にも挙げられる。「紙の新聞はほとんど読んだことがない。テレビのニュースも見ない。一般的なニュースを知るのはインスタグラムで十分」(ワシントンの大学1年生、マット)との声はめずらしくない。

報道機関という組織やメディアへの信頼が揺らぐなか、情報発信で巨大な破壊力をみせつける人々が登場した。ジャーナリズムの原則やファクトチェックといったルールに必ずしも縛られない「個人」だ。

「既存の報道機関のニュースは読んでいない。毎日のようにジョー・ローガンのポッドキャストを聞いている」(ニューヨーク州のアメリカ陸軍士官学校に通う男性、トーマス)

「ジョー・ローガンの会話形式の番組が面白い。普段のニュースはそんなに追いかけていないかな」(ミズーリ州の23歳男性、ニック)

「料理したり、ランニングしたりしながらジョー・ローガンのポッドキャストを聞いている。政治、ビジネス、科学など興味のある分野についていろいろなゲストと台本のない会話を交わしている流れを気に入っている」（テキサス州の23歳男性、マイク）

ローガンはポッドキャスト番組「ジョー・ローガン・エクスペリエンス（ＪＲＥ）」の司会者だ。ＪＲＥは動画投稿サイトのＹｏｕＴｕｂｅ（ユーチューブ）で１８９０万人、音楽配信サービスのスポティファイでも１４５０万人という桁違いの登録者をひき付けている。モンスター番組だといえる。

トランプは２０２４年10月25日、ＪＲＥに出演し、およそ3時間にわたって雑談を繰り広げた。台湾の半導体産業からＵＦＯ（未確認飛行物体）にまで話題は転がり、ＹｏｕＴｕｂｅの配信だけで最初の１週間以内に４０００万回以上が再生された。ＪＲＥのリスナーの８割は男性で、過半は18～34歳だという。

ローガンは民主党のハリスにも出演を呼びかけたが、「私が彼女のところまで出向かなければならないうえ、出演時間もたった1時間で済ませたがった」ため、折り合いがつかなかった。

民主党がメディアの変化を理解していなかったわけではない。２０２３年、大統領夫人のジル・バイデンはホワイトハウスに多くのインフルエンサーを招いたパーティーを催した。2024年夏の民主党大会では伝統的メディアの記者と同列に数百人の「コンテンツクリエーター」に取材許可を出した。

バイデンにせよ、ハリスにせよ、伝統的メディアのインタビューに応じて説明責任を果たすことより、インフルエンサーとのおしゃべりを好んだ。しかし、ローガンほどの発信力を持ち、信頼される「個人」はいなかった。

2024年11月6日未明、トランプはフロリダ州パームビーチで勝利宣言に臨んだ。登壇したトランプの盟友で総合格闘技団体UFCのトップ、ダナ・ホワイトは選挙戦への貢献者の名前を列挙し、こう締めくくった。「最後に偉大なジョー・ローガンに感謝したい」

トランプ支持者はなぜトランプを支持するのか。その答えを探る4年間だったとこれまでにも書いた。「主流」がきれい事ばかり並べて問題を解決できない「偽善」とみなされ、「アウトサイダー」は本音を語り、問題の本質を理解する「本物」とみなされる。トランプに対して支持者が抱く思いは、メディアにも向けられた。

メディアには私のように新聞社やテレビ局、雑誌といった組織ジャーナリズムの世界で働く記者もいれば、独立した個人のジャーナリストもいる。「記者だ」「プレスだ」と身分を明かしたときに必ずしも好意的な目を向けられるわけではない。率直な実感だ。ときにはあからさまな敵意をぶつけられることもある。

彼らにとってメディアに携わる人間は「向こう側」の存在なのだとつくづく感じる。そう、彼らから見れば、メディアも傲慢の連鎖をつくる鎖の一つなのだ。

メディアを取り巻くアメリカの状況は、遠くないうちに日本や他の国々でも広がるだろう。濃淡はあるにせよ、メディアも自己変革なしには生き残れない。少なくとも、自分たちがメディアであることを理由に人々が無条件に耳を傾けてくれたり、話をしてくれたりすることはますます難しくなるだろう。

トランプと権力の「協商関係」を結んだイーロン・マスクは、2億人以上が自身をフォローしているX（旧ツイッター）に同じ言葉をたびたび書き込んでいる。「あなたたちがいまやメディアだ」――。

確かに、この言葉はいまの時代の一側面を言い当てている。だが、ふと立ち止まってしまう。その一人ひとりの間に互いの信頼はあるのだろうか。独り善がりに誰かを抑圧するために利用されたり、操作されたりしている恐れはないだろうか。

民主主義には現実をめぐる共通の理解、何がこれまでに起きたのかについての共通認識が必要だろう。その認識こそが、私たちが将来について自ら意思決定し、選択する土台となるからだ。

私たちは、意見も利害も背景も異なる人々がお互いの関係が織りなす「公」に関する問題について意思を決めるため、民主主義という仕組みを磨いてきた。それぞれが意思決定に参加するからこそ、それぞれが結果に責任を持つ仕組みだ。

分断から目をそらすのではなく、異質な存在を否定したり排除したりするのでもなく、互いに譲り合える合意点を探る。そんな地味な作業の繰り返しが民主主義だ。ショーではない。つまらなくて当たり前だ。間違った情報をよりどころに意思決定に参加したとしても、その結果の責任は参加した一人ひとりが負うしかない。民主主義は単なるお祭りではなく、責任ある個人を前提とする厳しさがある。

「言論優先に回帰する文化的な転換点に感じる」。メタの最高経営責任者（CEO）、マーク・ザッカーバーグはトランプ第2次政権の発足前、フェイスブック、インスタグラムでの投稿の信頼性を第三者が評価するファクトチェックをアメリカで終了すると表明した。ライバルのマスクに追随した決断だった。

ファクトチェックの問題だけ考えれば、そもそもSNSで第三者によるファクトチェックが可能なのかという問題はある。人はみな多かれ少なかれ「偏見」があり、SNS全体に客観的なファクトチェックを徹底することは極めて難しいからだ。

私は以前、中国に駐在した経験がある。中国共産党の言論統制は実生活からインターネット空間にまでおよぶ。公安当局に拘束された人の話を聞くと、取り調べの際に過去5年分ほどの「微信（ウィーチャット、中国のＳＮＳ）」でのプライベートなやりとりの記録を「証拠」として示されたという。あの息苦しさの中で過ごせば、言論の自由や通信の秘密を守ることがいかに重要か身にしみる。

確かに、行きすぎとの批判もあったファクトチェックをやめるというザッカーバーグの「変節」は、一見すると言論の自由への回帰のようにみえる。それでもザッカーバーグが「変節」とほぼ同時にトランプの盟友でＵＦＣのトップ、ダナ・ホワイトをメタの取締役に迎えたのをみると、トランプにすり寄っただけに感じる。

メタはさらに、２０２１年１月の連邦議会議事堂占拠事件を受けてＳＮＳの自身のアカウントが停止されたことを不服として訴えたトランプに対し、２５００万ドルを支払う和解案にも合意した。やはり、完全にトランプに膝を屈したのだ。

ベゾス率いるアマゾンも動いた。トランプ夫人メラニアを主人公とするドキュメンタリー映画を制作・公開することを決めた。アマゾンの動画配信サービス「プライムビデオ」がライセンス料として４０００万ドルを支払ったとウォール・ストリート・ジャーナルは伝えている。

トランプは「まつろわぬメディア」への攻撃の手を緩めない。政権発足後、ＡＰ通信を大統領執務室での取材から締め出した。政権がメキシコ湾の名称を「アメリカ湾」に変更したのに、AP通信がメキシコ湾の表記を使い続けたためだ。

大統領報道官キャロライン・レビットは「報道機関が嘘を押しつけようとしていると我々が感じれば、そうした嘘には責任を取らせる」と報復を正当化した。

この言い分がそもそも間違っているのは、報道を責務とするメディアは権力側に立っているわけではないということだ。あくまでも民主主義社会で暮らす一般の人々の代理人として権力を監視し、人々の「知る権利」に応えるために働く。その役目を果たすからこそ、報道の自由は民主主義の根幹をなす価値の一つなのだ。

新聞記者をめざした学生時代に読んだ本を思い出した。

20世紀を代表するジャーナリスト、ウォルター・リップマンは1922年に刊行した『世論』でこう指摘している。

「ニュースと真実とは同一物ではなく、はっきりと区別されなければならない」。そして、以下のように続けた。

「ニュースのはたらきは一つの事件の存在を合図することである。真実のはたらきはそこに隠されている諸事実に光を当て、相互に関連づけ、人々がそれをよりどころとして行動できるような現実の姿を描き出すことである」

あらゆる人が発信者となり得る時代となり、私たちの周りはニュースであふれかえっている。「情弱」という差別的な言葉があるように、情報を先んじて入手し、自分なりに分析できることが現代のサバイバル術のようになった。だが、リップマンが言うように、ニュースとはいつの時代でも「何かが起きていることの合図」にすぎない。重要なのはその背後にある様々な事実に丹念に光を当て、不都合な真実まで探り出し、白日のもとにさらしていくことだ。

一人ひとりが判断し、選択し、行動するために、ニュースという合図をきっかけに事実を掘り下げ、真実を伝えていく。そこにメディアの役割がある。敗北したまま諦めるわけにはいかない。

私は記者として分断のアメリカに居合わせる機会を得た。だからこそいま、30年以上前に読んだリップマンのこの言葉を再びかみしめたい。

終　章

さらば「アメリカの世紀」

相対的衰退とは絶対的衰退ではありません。
わたしが憂慮し恐れていますのは、
アジア・アフリカの進歩の行進のことではなく、
むしろこの国の――いえ、他の国でも
同様でしょうか――支配集団が、
こうした展開に目を向けようとも
理解しようともしない傾向です

E・H・カー
『歴史とは何か』

「アメリカは戻ってきた（America is back）！」――。

第47代アメリカ大統領ドナルド・トランプは2025年3月4日夜、連邦議会議事堂での施政方針演説をこのセリフから始めた。この本を締めくくる終章を記し始めて思い出したのは、冒頭に引用した歴史家E・H・カーの言葉だった。

カーが1961年に英ケンブリッジ大学での記念講義「歴史とは何か」でイギリスについて述べた懸念だ。外交官でもあったカーは「世界事情におけるイギリスの相対的な重みは確実に衰退」しているとしたうえで、衰退そのものを憂えるのではなく、その事実を直視せずにノスタルジーに浸る人々を批判した。

いま、この懸念をそのままアメリカに対する危惧へと置き換えても、違和感なく受け止める人が多いのではないか。

ホワイトハウスを背に北西にまっすぐ続く「コネティカット通り」という大通りがある。この通りに面したアパートの一室が、私と妻の首都ワシントンでの住まいだった。周辺は広大な森林を抱えた「ロッククリーク・パーク」と住宅地が一体となって一つの地域を形づくっている。自宅からさらに5分ほど北に車を走らせると、「コメット・ピンポン」という名のピザ屋が通りの東側にあった。

平日、週末を問わず、地元客で店内がにぎわう人気店だ。奥には卓球台があり、ピザができあがるまで球を打ち合う子供たちの姿も見かける。燻製にしたマッシュルームやモッツァレラチーズなどをのせた「The Smoky」が定番だ。

2016年12月、男がこの店に押し入り、ライフル銃をぶっ放した。「店の地下に民主党とつながった子供を誘拐する小児性愛者の組織がある」という陰謀論を信じ、男は本気で子供を救出するつもりだった。「ピザゲート（疑惑）」と称される根も葉もないデマ、ウソだった。そもそも店に地下はない。

それから8年あまり。陰謀論は撲滅されるどころか、次から次へと生まれてアメリカ社会の中に拡散し、深く染み付いた。トランプは「ディープステート（アメリカを操る闇の政府）を解体する」と公言して大統領に返り咲き、その陰謀論を広める人物を連邦捜査局（FBI）のトップに選んだ。

民主主義が人々を幸せに、豊かにしない限り、人々は「強い独裁者」に選挙で投票する。不満を抱えている人々は、デマやウソにあおられ、自分たちの問題を解決できない既存の政治を敵のように見る。古代ギリシャの時代から指摘されてきた民主主義の弱点だ。アメリカもその罠《わな》から自由なわけではない。

民主主義の弱点は、民主主義の弱点を巧みに利用した歴史上の人物の言葉を借りれば、さらに理解しやすいだろう。

「大衆は外交官から成り立っているわけではなく、また国法学者のみから成り立っているのでもなく」、そして「民衆の圧倒的多数は冷静な熟慮よりもむしろ感情的な感じ方で考え方や行動を決める」。それゆえに「小さな嘘よりも大きな嘘の犠牲となりやすい」――。

およそ1世紀前、クーデターをもくろんだミュンヘンでの暴動に失敗した後、アドルフ・ヒトラーは獄中で執筆を始めた『我が闘争』にこう記した。

権力者によるプロパガンダは上から世論を操作しただけでは完成しない。その物語を能動的に受け入れたり、沈黙して見逃したりする下からの動きがあって初めて社会に染みわたるのだ。

報復と無情の二重奏

心の中に抱える強烈なエゴが暴れ回っても手綱を引かず、欲望の赴くままに生きるドナルド・トランプ。その人物像を改めてひと言で評するなら、私は無慈悲、もしくは無情という言葉を選ぶ。

「私は安全を第一に考えたが、オバマ、バイデン、民主党は政策を第一に考えた。彼らは誰も見たことがないレベルに政治をおとしめた」

「最も賢い人材を確保しなければならない。見た目や話し方、人柄などは関係ない。重要なのは知性、才能だ」

「連邦航空局の多様性推進には重度の知的障害や精神障害のある人々の雇用に焦点を当てる内容のものがある」

トランプはホワイトハウスの記者会見室で、犠牲者に黙祷をささげてから5分もたたないうちにこうまくし立て始めた。2025年1月30日午前、首都ワシントン近郊で小型旅客機と陸軍ヘリコプターが空中衝突し、乗客乗員計67人の生存が絶望視された事故の発生からおよそ14時間後のことだった。

大統領権限による調査結果を踏まえた発言ではない。原因が特定できていないと言いつつ、「私には非常に強い意見がある」と述べ、前政権による多様性、公平性、包括性（DEI）重視の政策に批判の矛先を向けた。根拠もないまま悲劇を政治問題化させることに、ためらいを一切見せなかった。

記者から根拠を問いただされても「可能性があったということだ」「私には常識があるからだ。残念ながら多くの人はそうではない」とうそぶいた。あまりにひどい発言に、しばらく言葉が出てこなかった。

トランプは選挙期間中、自身の政敵を「中国やロシアより危険な内なる敵」と呼び、「軍隊が対処できる」とまで言及した。

ホワイトハウスに返り咲くと、トランプを「ファシスト」と呼んだとされる前統合参謀本部議長マーク・ミリーに対する警護を打ち切った。

第1次政権の大統領補佐官ジョン・ボルトン、国務長官マイク・ポンペオのほか、国立アレルギー感染症研究所長を務めたアンソニー・ファウチの警護も取りやめた。忠誠を誓わない人物への「報復」だ。ボルトンらに対しては暗殺計画の脅威がくすぶるだけに、政敵に対してとはいえむごい仕打ちだと思う。

トランプは権力に返り咲いてから3週間もたたないうちに、前大統領ジョー・バイデンが持っていた機密情報へのアクセス資格を取り消した。アメリカでは大統領は退任後も情報機関から機密情報の提供を受ける慣例がある。大統領という重責を担った人物がインテリジェンスの基盤を共有し、党派を超えて経験や人脈、世界観をつないでいく仕組みだ。トランプは1期目を終えた2021年にバイデンが自分に同じ仕打ちをしたと主張し、報復であることを誇示した。

「金曜夜の大虐殺」。2025年2月21日、トランプは軍制服組トップの統合参謀本部議長、チャールズ・Q・ブラウン・ジュニアを解任したと自身のSNSで表明した。国防長官ピート・ヘグセスは同日、ブラウンのほか海軍制服組トップの海軍作戦部長リサ・フランケティら5人の幹部を一斉に交代させると発表した。

CQとの呼び名で知られるブラウンは2023年にバイデンの指名を受けて就任した。議長ポストは大統領任期をまたいで4年務めるのが通例で、解任は極めて異例だ。トランプ支持者の間では黒人であるブラウンがDEI政策を推進してきたとして、解任すべきだとの声が出ていた。

政権発足から100日に満たない間の激変を見るだけでも、2024年のアメリカ大統領選挙は歴史的な選挙だったといっていいだろう。

均衡を崩し、混沌を広げ、社会の分断を自身の政治力の糧とするトランプが再び権力を握った。2026年の「建国250年」を前に、アメリカの有権者は「冷たい内戦」を収束に向かわせるのではなく、結果として常態化させる道を選んだ。

トランプという権力者は、どんなにウソだと批判されても根拠のない事実やデタラメを繰り返し唱え、明白な事実さえねじ曲げていく。トランプの頭の中では、彼は大統領選に3回連続で「勝った」ことになっている。

2016年の初当選の時点を振り返ると、トランプに「大統領として何をなし遂げたいのか」という志があったとは思えない。

単に「勝つ」ことが目的だった。勝つか負けるかのゼロサムゲーム思考が骨の髄まで染み込み、とにかく「勝つことが好き」なのだ。

「トランプの勝利」は「アメリカの勝利」を意味しない。むしろ「アメリカの敗北」「アメリカの衰退」をもたらす恐れがある。

権力の座に戻ったいまでさえ、トランプが大統領としてアメリカや世界にどう関わりたいのかは実は判然としない。それがトランプの強みにもなる。

難癖をつけ、相手をひるませ、妥協を引き出せれば、それがどんな内容であれ、自分に都合のいいときに「勝利」を宣言することができるからだ。

2回目の大統領選で「負けた」ことが許せず、とにかく勝利し、みんなから「偉大な大統領」と称賛されたいという怨念を感じる。

「誰もが私の友人になりたがっている」とトランプは有頂天になった。万能感に満たされている心の内を想像すると、共和党を乗っ取り、大統領に返り咲いた現在に至っても、「既存のエリート層」から疎外され、バカにされ、軽んじられているとの思いを拭い切れずにいるように思う。

交渉と取引で「勝利」を手にすることをことのほか好むがゆえに、血を流す戦争は嫌う。人道上の見地からの発想というよりも、互いに命をやりとりする戦争にまで状況が悪化してしまうと、脅しや威圧、虚言、虚勢を駆使したトランプ流の取引の入り込む余地が乏しくなるからだろう。

「彼らに軍事費を半分にしようと言いたい。我々が核兵器を新たに製造する必要はまったくない」。トランプは中国、ロシアに「軍縮交渉」を呼びかけ、中東やウクライナでの和平も訴えている。この言葉だけ切り取れば、トランプは近年にない平和主義者のアメリカ大統領だ。

だが、トランプの平和主義は、侵略を受けているウクライナの人々や、住む場所を失ったパレスチナ自治区ガザの人々の感情を顧みることがない。和平実現という自身の功績を歴史に残すことを優先し、「損得」だけで平和を語りがちだ。

「彼らがノーベル平和賞を私にくれることは絶対にないと思う。残念だ。私は受賞に値する」。こんな怨念を平気で口に出せる人だからこそ、敵に対しては遠慮会釈なく権力を振るい、慣習や前例をぶち壊すことに二の足を踏まない。

その一方で、いったんは敵対した相手であっても、平謝りし、ゴマをすり、完全に膝を屈する姿勢を見せれば、あっさり許してしまうところがある。

劣等感の裏返しのように、大金持ちや名門私立大学群「アイビーリーグ」出身者、階級の高い軍人、トランプの基準での美男美女といった人々が大好きだ。特に、彼らを自分の部下として従えることをことのほか好む。

トランプの選挙集会の演説で何度か耳にしたエピソードがある。叔父が電気工学の権威でマサチューセッツ工科大学（ＭＩＴ）教授だったという話だ。

それを我が事のように自慢し、自身の知性の証しだと主張する。規模が大きい、数が多いといった明白な「勝利」にこだわり、ノーベル平和賞を受賞した民主党大統領バラク・オバマを心底妬む。同等の栄誉を渇望していることを隠そうともしない。

十分に称賛されず、評価されていないという個人的な恨みを原動力とするトランプの「報復の政治」は、長年にわたって顧みられず、見捨てられてきたという鬱屈を抱える「無名の人々」の不満と結びついている。不動産開発で財をなした大金持ちと一般庶民という、社会の中で最も遠い立ち位置にいるように見える両者は、「既存エリートへの報復」という一点で連帯した。

この矛盾に満ちた政治的同盟は長続きしないとみる人もいるだろう。イーロン・マスクら少数の大富豪が権勢をふるうトランプ時代の寡頭政治に、「無名の人々」がいずれ幻滅すると考える人もいるだろう。

しかし「2つのアメリカによる冷たい内戦」が常態となり、さらに深刻さを増していくこの国で、大衆に迎合するポピュリストが権力を握る政治潮流は今後も勢いを保つのではないだろうか。

トランプは78歳でホワイトハウスに戻ってきた。アメリカ人男性の平均余命は75歳を下回っている。それほど遠くない将来にトランプ不在の政治状況がアメリカに生じる確率は低くない。

それでも次に現れるのは第2、第3のトランプだったり、絶望的な格差社会への不満や不平を巧妙に操って個人崇拝に転じるカリスマだったりするのではないか。

3度の大統領選のうち、2回もトランプを選んだアメリカという国と、私たちは向き合って生きていかなければならない。

本書で描いてきたアメリカの様々な場面からも読み取れるように、トランプが今のアメリカを生んだのではない。これまでのアメリカの歩みがトランプという大統領を生んだのだ。トランプのいる4年間さえなんとかやり過ごせば、トランプ的なものがアメリカから消えてなくなるとは考えられない。

背中から斬り付ける

そして、巻き起こった嵐の激しさは想像を超えた。

秩序や規範、アメリカという大国に対する信望がガラガラと音を立てて崩れている。トランプがホワイトハウスに戻ってきた2025年1月20日以降、アメリカの外と内で何かが同時に崩れ落ちる音が本当に聞こえるようだった。

2月4日、トランプは2期目の就任後、初めて対面で会談する外国首脳となったイスラエル首相、ベンヤミン・ネタニヤフとホワイトハウスのイーストルームで共同記者会見に臨んだ。すし詰めの現場は席が足りず、私は立ち見だった。

「たくさん記者がいるな」と話し始めたトランプは、驚きの「構想」を披露した。イスラエルとイスラム組織ハマスの戦闘で破壊しつくされたパレスチナ自治区ガザについて、「アメリカが引き継ぎ、所有する」と主張したのだ。

耳を疑った。何を言っているのか、と思った。ガザを故地とするパレスチナ人をほかへ移住させ、がれきや不発弾を片付け、更地にし、地中海のリゾート地になぞらえて「中東のリビエラ」に造り替えるという。

「後戻りすれば、過去100年と同じ結末で終わる。この停戦が流血と殺戮を完全に終わらせる、より大きく永続する平和の始まりとなることを期待している」と述べ、型破りの発想こそが八方ふさがりの問題を解決すると自賛した。

トランプの「構想」に当事者のパレスチナ人の心情をくみ取る配慮はない。隣に立つネタニヤフは「斬新なアイデアで既成概念を打ち破ろうとする意欲」と持ち上げた。記者から真意をただす質問が相次いだが、詳細は不明なままだった。

トランプの長女イバンカの夫で中東の不動産開発に精を出すジャレッド・クシュナーは、ガザを「価値の高い」ウオーターフロント物件だと評している。不動産デベロッパーのような荒唐無稽な発想をアラブ諸国は拒み、国際社会には「民族浄化につながる」との批判が広がった。

国務長官マルコ・ルビオは、住民の移住が「一時的」であり、アメリカがガザを所有するというのも「再建に責任を持つという意志だ」と釈明した。ホワイトハウスの報道官はアメリカ軍を派遣するとは言っていないと付け加えた。

だが「誰も現実的な解決策を持ち合わせないなか、大胆で斬新なアイデアを示した。批判されるいわれはない」（国家安全保障担当の大統領補佐官マイク・ウォルツ）というのがトランプの本音に近いだろう。

なにしろ、トランプは「パレスチナ人がガザに戻りたい理由は他に選択肢がないからだ」と公言してはばからない。そんなバカな話はないだろう。

ならば、ロシアに侵略され、占領された地域のウクライナ人が、破壊された故郷なども う要らないと言うとでもいうのだろうか。ニューヨークが侵略されても、住民がパリに移り住めるなら問題ないというのだろうか。

「アメリカ第一」という独善は、友邦との約束事も一方的に踏みにじり、それが震源となって経済にも混沌を広げていく。トランプが武器として振り回すのは「辞書の中で最も美しい言葉」という関税だ。

航空機衝突事故の記者会見で無慈悲な言葉をまき散らしたトランプはその週末、カナダ、メキシコからの輸入品に25％、中国に10％の追加関税をかける大統領令を発した。不法移民と違法薬物の流入を「国家の緊急事態」と認定した。

メキシコ、カナダがそれぞれおよそ1万人の兵士を派遣して国境対策を強化すると約束すると、トランプは関税発動を1カ月だけ遅らせた。

関税引き上げという「抜き身の刀」をちらつかせ、自由貿易協定「USMCA」で結ばれている隣邦に要求をのませるトランプに、国際貿易のあり方や経済合理性への意識はない。「味方」を背中から斬り付けるような不意打ちを食らわすことを恥じる様子もない。「アメリカは不公平な扱いを受けてきた」と感じている支持者に向けて、報復のメッセージを伝えることを何より優先している。

中国はアメリカに妥協せず、トランプのいう「opening salvo（最初の一撃）」の10％追加関税はそのまま実施された。

結局、トランプは違法薬物の流入が「高レベルで続いている」と非難して3月4日からメキシコ、カナダへの関税を発動し、中国に対する関税率をさらに10％引き上げた。

ところが2日後にはUSMCAのルールに基づく手続きを済ませたメキシコ、カナダからの輸入品については4月2日まで追加関税を猶予すると公表した。甚大な被害を受ける自動車産業を救済する狙いだが、メキシコからの輸入の5割、カナダからの6割に当たる「非USMCA」の輸入品には追加関税がかかる。

泥縄式の朝令暮改によって株価は大きく下落した。域内貿易に混乱と不確実性が広がり、消費者や企業はアメリカ景気の先行きに対する不安を強めている。

譲らない国もある。中国は米国から輸入する農産物に最大15％の関税をかけると表明するなど報復に動いた。アメリカと中国を中心に「貿易戦争」が世界に波及していく動きは止まりそうにない。

トランプは第1期政権で中国に対する制裁関税を発動した。次の民主党のバイデン政権も対中関税をそのまま引き継ぎ、一部を拡充した。日本を含めて世界各国の人々は自らにこう言い聞かせてきた。「アメリカが主導してきた秩序の修正に中国は挑んでいる。両大国の競争の時代に我々は順応するしかない」

しかし、2期目のトランプは関税という武器の矛先を、1期目よりもさらに気ままに友邦へと向けている。普段は礼儀正しいカナダ人でさえ、プロホッケーやプロバスケットボールの試合でのアメリカ国歌演奏時にブーイングを浴びせた。

トランプの独善は、世界に「反アメリカ」の種をまき散らし、味方を遠くへと押しやっているようなものだ。政権発足から3週間後には鉄鋼、アルミニウムの輸入製品に25％の追加関税を3月12日からかけるよう命じ、さらにかねて構想を繰り返し表明してきた「相互(reciprocal)関税」の導入も指示した。

自動車、半導体、医薬品に25％程度の追加関税をかける考えも表明した。高関税をちらつかせることで、世界中の有力企業にアメリカ国内に生産拠点を移すよう圧力をかけている。

世界の貿易体制は岐路に立つ。アメリカや中国、欧州や日本など世界の主要な国々は世界貿易機関（WTO）に加盟し、いずれかの国の産品に与えた最も有利な待遇をほかのすべての加盟国に認める「最恵国待遇」という原則に従ってきた。「相互関税」の名の下に相手国によって関税率を変えるトランプの発想は正反対の考え方で、これまでの国際貿易体制の大原則に背を向けるものとなる。

トランプがホワイトハウスを不在にした過去4年の間に世界は大きく動いた。ひと言でいえば、「戦時」に入った。国連安全保障理事会常任理事国であるロシアが国際法を無視してウクライナを侵略し、中東では報復の応酬が広がった。

「アメリカが直面している脅威は1945年以来、最も深刻かつ困難だ」。連邦議会が選んだ専門家による超党派のアメリカ国防戦略委員会は2024年夏の報告書で「近い将来の大規模な戦争の可能性をはらんでいる」と警告している。

中国、ロシア、イラン、北朝鮮の「混沌のカルテット」は、アメリカが主導してきた国際秩序を弱体化させ、自分たちの利益を拡大するための余地を広げるという点で共闘する枢軸を形づくっている。

ジョンズ・ホプキンス大教授のハル・ブランズは「いまは第2次世界大戦前の時代と不気味なほど似ている。各地域の危機が融合し、頂点に達したとき大戦は始まった」という。

政治学者のヤシャ・モンクは「『自然は真空を嫌う』ように、アメリカが国際秩序を形づくる役割から手を引けば、中ロが代わりに出てくる」とみる。

外交専門家シニシャ・ブコビッチの見方はさらに厳しい。「アメリカが規範や原則を踏みにじれば、アメリカが『修正主義者』になるどころか、長年培ってきた秩序体制の解体を自ら早めることになる」と断じる。

残念ながら、トランプのアメリカは、こうした「懸念」で塗り固められた道を速足で進んでいるようにしか見えない。

第2期政権のトランプが、アメリカ大陸を中心とする「西半球」に焦点を当てているのは間違いないだろう。グリーンランドの領有やパナマ運河の奪還といったむき出しの「領土欲」をあおり、バラ色に描かれた過去への郷愁と偏狭なナショナリズムに陶酔しているように見える。

「世界の警察官」の役割に追われているうちに、中南米や北極海といった「自分の庭先」で中国やロシアが好き勝手に動き回っているとの思いを強めているという面はもちろんある。アメリカが「西半球」に焦点を戻したからといって、世界の残りの部分について中国の好きに任せると考えるわけでもない。

とはいえ、トランプが国内の自身の支持層に自慢するために2国間の「勝ち負け」ばかりにこだわり、国際秩序や規範をないがしろにすれば、信望を失った大国の求心力は回復不能なまでに弱まってしまいかねない。

放縦さを増すトランプが自分の手柄や功名を最優先し、国際法に違反してウクライナを侵略しているロシアに大きく譲歩しないだろうか――。

2国間のディールに没頭するあまり、中国とロシアを引き離す「戦略」といった口実に安易に乗せられ、結果としてそれぞれの勢力圏を暗黙裏に認めてしまうようなことは本当にないだろうか――。

中国との大きなゲーム、ディールのために、台湾を単なる駒とみなすことはないだろうか――。
そんな懸念が消えない。「アメリカ第一」どころか、「トランプ第一」が広がっていく危うさだ。

寡頭制による内部破壊

嵐は、アメリカの内側でも吹き荒れている。

「アメリカは日本の安全保障に全面的にコミットしている。我々は友好国であり同盟国である日本を防衛するためにアメリカの抑止力を100%発揮する」

ネタニヤフとの会談から3日後の2025年2月7日。1泊3日の強行軍でホワイトハウスを訪れた日本首相の石破茂と会談した後、トランプはイーストルームで開かれた共同記者会見で、用意された文書を丁寧に読み上げた。日本側からみれば100点満点の模範解答だった。

もっとも、共同声明からは民主主義陣営の共通の価値観である「法の支配」という言葉が完全に抜け落ちていた。

よくあることだが、外国首脳が同席する記者会見にもかかわらず、アメリカの記者の質

事実上閉鎖された「USAID」は黒いテープで看板の名称が隠された（2025年2月）

問の多くは「内政」に集中した。この日の関心はイーロン・マスク率いる政府効率化省（DOGE）が進める「アメリカ政府破壊」についてだった。

「閉鎖しろ」――。トランプは石破と会う直前、自身のSNSにこう書き込んだ。この日、連邦政府の庁舎が集まるペンシルベニア通りの一角にある国際開発局（USAID）本部の看板が撤去された。アメリカによる人道支援など対外援助を担ってきたUSAIDはマスクに「犯罪組織」と断罪され、機能不全に陥った。

　選挙や議会の承認を経ていない「特別公務員」のマスクの攻撃によって政府の一部門が事実上の閉鎖に追い込まれ、国務省が議会と協議して機能を統廃合することとなった。職員削減が始まり、連邦地方裁判所が職員への休職指示を差し止めるといった混乱が広がっていた。

外交・安全保障の専門家として知られる国務長官のマルコ・ルビオに対して、マスク暴走の歯止め役を期待する視線が集まった。しかし、訪問中のエルサルバドルで記者に質問されると、ルビオはマスクへの同調姿勢を鮮明にした。

「政治と無関係な資金を使いたいなら慈善団体を立ち上げ、民間資金を使えばいい。納税者の金を使うならアメリカの国益のために使うべきだ」

共和党内に異論が皆無だったわけではない。上院軍事委員会トップのロジャー・ウィッカーは「長い間、USAIDは中国の『一帯一路構想』に対抗する我々の方法だと感じていた」とやんわり抗議した。ウィッカーが言うように、党派に関係なく、外交・安保分野の「政策エリート」は、USAIDについてアメリカのソフトパワーを世界に発信する重要な組織の一つとみなしてきた。

ところが「MAGA（アメリカを再び偉大に＝トランプ支持者）」が支配する「トランプのアメリカ」では「腐敗した政治家や官僚と結託し、我々が払った税金を海外にばらまく悪の組織。我々の生活が苦しいのにけしからん」と、一転して攻撃の的になってしまった。

マスクのDOGEチームはUSAIDだけでなく、政府による給付金や補助金などの支給に使う財務省所管の支払いシステムや人事管理局の人事データベース、金融の消費者保護を担う消費者金融保護局（CFPB）も標的とした。

DOGEの動きに反対した財務官僚は事実上、職を追われた。「USAID幹部の一部は、DOGE官僚から国家機密を守ったために職を解かれた」。民主党上院議員のクリス・クーンズはこう訴えた。

「国家ハッキング」と呼ばれるマスクの「改革」を支えるエンジニア集団には19歳の若者もいる、とアメリカメディアが報じた。多くがテック企業でインターンなどをしていた若者だ。

「インド人への憎悪を正常化しろ」と人種差別的な文言をSNSに書き込んだ過去が発覚した若者はいったん解雇されたが、妻がインド系の副大統領J・D・バンスがとりなし、復職した。19歳の若者はデータセキュリティー企業のインターンを解雇された経歴が報じられた。社内情報漏洩に関する内部調査の後だったという。

マスクに心酔し、トランプの「報復の政治」を具体化する突撃兵として、前例や慣習どころか法律さえもなかば無視して政府内部で権勢を振るう若者たち。毛沢東時代の中国で「造反有理」を叫び、文化大革命の先兵となった少年少女の「紅衛兵」の姿に重なる。

「21世紀のデジタル紅衛兵」は、政府内の根幹システムのコードをすべて掌握し、支配しようとしているように見える。

第2期トランプ政権が発足しておよそ1週間後、人事管理局は連邦政府職員に対し、2月6日までに辞職願を出せば9月末まで給与や手当を支給するとメールで通達した。メールのタイトル「分岐点（Fork in the Road）」はマスクが旧ツイッターを買収後、社員に辞職を促すために送ったメールと同じだ。

マスクに連動する動きも広がり、トランプによる「ディープステート」に対する「報復の政治」は嵐のように猛り狂った。

中央情報局（CIA）は全職員に早期退職を勧める通知を出した。先の早期退職勧奨では国家安全保障関連の職務は対象外としていたが、長官のジョン・ラトクリフはCIAも対象とすることを決めた。

DOGEの標的となったCFPBの局長代行には行政管理予算局（OMB）の局長、ラッセル・ボートが就いた。「アメリカ国民に対して武器化されている官僚機構」を公然と批判するボートは間髪入れず、CFPBの活動の「一時停止」を命じた。

ボートは第1期政権でもOMB局長を務め、政府組織を「改革」する保守派の計画「プロジェクト2025」の主要立案者の一人だった。マスクはXにこう書き込んだ。「CFPB RIP（安らかに眠れ）」——。

「イーロンに不満のある人はいるか？　いるならここから追い出すぞ」。マスクの強引な手法に政府内で不満がたまり、「ＭＡＧＡ閣僚」との間の不協和音も聞こえ始めた2月下旬、トランプは初めての閣議で冗談めかしながら部下を脅しつけた。マスクへの反発は自身への反抗だとトランプが宣言した瞬間だった。

それでも、その後も国務長官のルビオら閣僚がマスクの強引な人員削減をトランプの面前で批判したといった情報が出回った。マスクに反発する人物がコロラド州のテスラ販売店に火炎瓶を投げつけ、逮捕される事件も起きた。テスラ株やテスラ車の売却を呼びかける「#TeslaTakedown」という抗議運動が広がった。

一方、ウクライナ大統領ゼレンスキーに「アメリカに感謝せよ」と迫った副大統領バンスはその翌日、何事もなかったかのように家族とバーモント州のスキーリゾートを訪れた。沿道でバンス一家を出迎えたのは、「消えろ」「スキーをするならロシアに行け」などと抗議のプラカードを持った大勢の人々だった。

3月上旬、バンスはXに記した。「今日、3歳の娘を散歩させていると、『Slava Ukraini（ウクライナに栄光を）』デモ隊の一団が私たちの後ろをついてきて叫び、娘はおびえた」。政権発足直後の大混乱にもかかわらず、トランプの支持率は3月に入っても変わらず、大きく下落するといった影響は出ていない。人々の反発は「王」に直接向かわず、マスクやバンスら「廷臣」へと向かっている。マスクの強引な手法は共和党支持層でも反発を招き、不買運動に直面したテスラは業績が悪化した。4月1日のウイスコンシン州最高裁判事選挙でマスクが多額の資金を投じて支援した候補が敗れると、マスクが間もなく政権から去るとの観測が一気に流れ始めた。

2025年2月20日、私はワシントン近郊のメリーランド州ナショナルハーバーにあるリゾートホテルに車を走らせた。毎年欠かさず取材しているMAGA主義者の一大イベント「保守政治活動会議（CPAC）」の現場を訪れるためだ。

会場は赤や黒の「MAGA」帽子をかぶったり、トランプ支持をアピールする衣装をまとったりした支持者でにぎわっていた。

この日の夕方、MAGAに根強い人気の元首席戦略官スティーブ・バノンが登壇し、カメラの放列を見ながらまくし立てた。

「主流メディアのインチキ連中はあなた方を恐れている。彼らはあなた方を打ち負かすことができないと知っているからだ」

「彼らは理解できないものを打ち負かすことはできない。彼らは理解できないものを破壊できない。彼らは理解できないものを封じ込めることはできない」

CPACの現場で実施された人気投票では6割の人が2028年次期大統領選の共和党

候補に副大統領のバンスを選んだ。合衆国憲法は「大統領職に2回を超えて選出されることはできない」と定めており、トランプに「次」はない。

それでもトランプは「3期、4期務められれば人生最大の栄誉だ」といった発言を繰り返し、不安におののくメディアやリベラル層の姿を見て楽しんでいる。

「アメリカの未来はMAGAだ」。バノンは壇上で叫び、聴衆の喝采を浴びるとすかさずこう付け加えた。「2028年もトランプが必要だ!」――。

それでも「多数から一つへ」

政権発足から2カ月余りで、トランプのアメリカが巻き起こす混乱は底が見えなくなった。米誌アトランティックの編集長、ジェフリー・ゴールドバーグは3月24日、前代未聞のスキャンダルを暴露した。

大統領補佐官マイク・ウォルツから暗号化メッセージングアプリ「シグナル」のグループチャットに〝誤って〟招待され、イエメンの親イラン武装組織フーシに対する攻撃の情報を事前に共有されたという内容だった。

グループには副大統領J・D・バンスや国防長官ピート・ヘグセスも入り、ヘグセスはフーシ攻撃の2時間前に武器や標的、タイミングに関する情報を送信した。作戦に携わるアメリカの軍人や情報工作員を危険にさらしかねない軽挙だった。

暴露記事が出ると、ヘグセスは「戦争計画を送っていない」と強弁し、メディアがデマを広げていると責任転嫁した。ウォルツもゴールドバーグを「ジャーナリストの最下層のクズ」と攻撃した。

この事件はトランプの「廷臣」たちの遵法精神の欠如を浮き彫りにしただけではない。バンスはやりとりの中でアメリカによるフーシ掃討に欧州が「ただ乗り」していると侮蔑し、MAGAが「同盟」に対して抱く不信の根深さを赤裸々にした。

アメリカで2025年に生まれた子供の平均余命は80歳を超える。彼らは22世紀の世界をその目で見る可能性が高いだろう。

アメリカはこのまま自ら「アメリカの世紀」に別れを告げ、「信望なき大国」として22世紀の世界と向き合うのだろうか。

240年以上にわたりアメリカのシンボルとして親しまれてきたハクトウワシが2024年末、国鳥として正式に指定された。

オリーブの枝と矢を握るハクトウワシのデザインは国の「紋章」として1782年に採用され、1ドル札にも刻印されている。そこに刻まれるラテン語で書かれた有名なモットーがある。

「E pluribus unum（多数から一つへ）」――。

移民国家・アメリカ合衆国の成り立ちを端的に言い表している。多くの人々が夢と希望を抱いてアメリカに移り住む現実はいまも変わらない。他の国にはない速さと激しさで「アメリカ人」の新陳代謝は進む。アメリカの強さの根源だ。

ところが、復権したトランプは自身の敵を容赦なくたたき、自分たちが理想とする「アメリカ」から異質な存在を締め出す政治を急展開している。攻撃の矛先は自然と「少数派」に向けられる。その不寛容な政治にあらがうべき民主党は、トランプに2度の敗北を喫した衝撃からなかなか立ち直れずにいる。

アメリカの分断は単純な党派による二極化ではない。首都ワシントンでの反トランプのデモ集会を見ても、「女性の選択の自由」「性の自己認識の自由」「移民排斥反対」「ガザ即時停戦」「寡頭制反対」など様々なスローガンが目に付く。

多様な主張があってしかるべきなのは当然だが、民主党の意気消沈ぶりから感じるのは、幅広く広がるそれぞれの訴えや熱意を一つの流れへとまとめ、大きな政治のうねりへとつくり替える「核」を失っていることだ。民主党やリベラル層は失意から再び立ち上がり、戦意を高揚させるための旗印を探しあぐねている。

政党による単純な政治分断がこの国のすべてではない。アメリカ社会を掘り下げていくと、人種やジェンダー、宗教といった人々の生き方そのものをめぐる深い亀裂、断層がいくつも走っていることに気づく。

政治状況が二極化し、人々を上下に分かつ富の集中が政治の分断線を一段と深めているとしても、アメリカ社会そのものはいまも多元的で多様性の高い社会であり続けている。それぞれの自己主張は強く、周囲もそれを当たり前だと受け止め、普段の生活で他人の振る舞いや見た目を気にすることは少ない。

にもかかわらず、共和党は「MAGA」の合言葉の下でトランプへの忠誠を誓う集団に純化されつつある。民主党もトランプを敵視すればするほど「WOKE（社会正義に目覚めた人々）」と呼ばれる急進左派に党が引っ張られていく。

極端と極端に政治が分かれているがゆえに、政治上の敗北はとてつもないコストを人々に押しつける。それがさらに政治の二極化に拍車をかける悪循環を生む。それだけではない。分断が常態化した結果、それぞれの党派に分かれた「バブル」の中で、異論を許さない同調圧力が同時に強まっているように感じる。

政治闘争だけ見ていると、アメリカには「MAGA」と「WOKE」しかいないように見えるときがある。そんなわけがない。アメリカ人に限らず、人々の考え方や価値観がそれほど単純に2つに割り切れるはずがない。

いまもアメリカの社会には様々な考え方の人々がいるし、政治の分断が社会全体を振り回す状況にうんざりしている人も多い。アメリカの政治を観察し、社会に触れたとき、政治と社会の間のズレを違和感として感じる人も多いだろう。

言い換えれば、共和党と民主党というアメリカの二大政党が、多元的で多様性のある社会と、二極化した政治をうまくつなげなくなっている。政党は社会と政治をつなぐ回路であるべきはずなのに、その回路がショートし、そこで生じた火花がいつの間にか国全体を覆う炎となって広がってしまったように思う。

2025年3月1日、トランプは英語をアメリカの唯一の公用語とする大統領令に署名した。国勢調査局によると、アメリカの家庭の78%が英語だけを使う。英語以外を話す人も6800万人近く(2019年)にのぼり、1980年の3倍ほどに増えた。建国以来、およそ250年にわたって公用語を定めなかったアメリカの伝統を転換した。

世界の不安からアメリカだけが無縁でいることなどできないし、世界の現実と関わっていく以外にアメリカに選択肢はない。とはいえ、敵と味方に分断したアメリカの国内政治の論法をむりやり世界全体に当てはめようとすれば、当然ながら現実とのズレが大きくなり、そこから生じる摩擦も増していく。

トランプが世界との関与の仕方を一方的に再定義するとき、「アメリカはずっと搾取され、カモにされてきた。その不公平をただす」と訴える話法を好んで用いる。秩序や規範を無視する横暴を正当化する「アメリカ第一」主義は、アメリカが過去に営々と築いてきた「信望」という無形の資産を食い潰して増殖していく。

第二次世界大戦が終わって80年。日本を取り巻くアジア太平洋の安全保障を例にとれば分かるように、戦後の秩序とルールの枠組みはアメリカの存在と関与を前提としてきた。味方からは頼りにされ、敵からは恐れられるという、敵味方双方からの「信望」があって初めて安全保障の枠組みは機能する。

アメリカの信望の失墜は、日本の安全と平和の根幹を危うくする。「トランプを選んだアメリカ」の混乱は太平洋の対岸の火事ではない。日本の対外政策にとって、アメリカという国をアメリカ人以上に冷静に理解することは死活的に重要だ。私たちがアメリカの民主主義の行方に目をこらす理由はここにある。

アメリカについて私たちはいま一度、等身大の姿をとらえ直す必要があるだろう。古びたステレオタイプのレンズで観察するのではなく、自分自身でそのレンズを磨き直し、正しい像を結ぶよう日々努めることが欠かせない。

トランプは「黄金時代の到来」を唱えている。それはアメリカにとっての黄金時代なの

トランプは、「黄金時代の到来」を実現できるのか（2025年2月）

か、トランプだけが黄金時代を謳歌するのか、それとも私の想像を良い意味で裏切り、世界が平和と安全の新たな黄金時代を享受できるのか。

いずれの未来がやってくるか、私は性急に答えを出すつもりはないし、そんな能力もない。その代わり、本書の基本に立ち返り、「無名の人々」の言葉を最後に借りたい。

「私がアメリカに来たのは、ここには『黄金で舗装された道路』があると聞いたからです」。19世紀に新天地アメリカをめざし、ニューヨークのエリス島にたどり着いたイタリア移民はこんな言葉を残している。

「アメリカに来て、3つのことが分かりました。第1に、道路は黄金で舗装されていなかった。第2に、そもそも道路は舗装がまったくされていなかった。第3に、舗装は我々がする仕事だった」

1人の権力者だけがアメリカの未来を決めるのではない。一人ひとりのアメリカ人が自ら踏み固める道を選ぶのだ。それが「信望なき大国」の針路を定める。あなたが訪れることもなく、名前を聞いたこともないアメリカの田舎に暮らす名もなき人々の一歩一歩が、同じ時代に生きる私たちの明日を大きく左右する。

2025年3月、首都ワシントンからニューヨークへ転居する準備に追われながら。妻・恵里に心よりの感謝を込めて。

大越匡洋

大越匡洋（おおこし・まさひろ）

日本経済新聞社米州総局長

1995年早稲田大学政治経済学部卒、日本経済新聞社入社。

財務省や厚生労働省、経済産業省、日銀などの経済・金融政策を長年取材。

2005年から2年間は自民党、民主党を担当。

2012年から4年間、発足したばかりの習近平政権下の中国を北京から取材、重慶支局長も兼務。

1面連載のデスクなどを経て2021年4月にワシントン赴任、2022年4月より同支局長。

2025年4月より現職。著書に『北京レポート 腐食する中国経済』、
共著に『アフター2024 米中最後の攻防』がある。

信望なき大国 日本人が知らない「トランプのアメリカ」

2025年4月25日　1版1刷

著者 ―――――― 大越匡洋

発行者 ―――――― 中川ヒロミ

発行 ―――――― 株式会社日経BP
日本経済新聞出版

発売 ―――――― 株式会社日経BPマーケティング
〒105-8308　東京都港区虎ノ門4-3-12

装幀・本文デザイン ―― 野網雄太（野網デザイン事務所）

本文DTP ―――― 朝日メディアインターナショナル株式会社

印刷・製本 ―――― シナノ印刷株式会社

ISBN978-4-296-12428-2　Printed in Japan